CHATGPT

John Lee

Copyright © 2022 – John Lee

Tous les droits sont réservés. Aucune partie de cette publication ne peut être reproduite, distribuée ou transmise sous quelque forme ou par quelque moyen que ce soit, y compris la photocopie, l'enregistrement ou d'autres méthodes électroniques ou mécaniques, sans l'autorisation écrite préalable de l'éditeur, sauf dans le cas de brèves citations incorporées dans les critiques et certaines autres utilisations non commerciales autorisées par la loi sur le droit d'auteur. Toute référence à des événements historiques, à des personnes réelles ou à des lieux réels peut être réelle ou utilisée fictivement pour respecter l'anonymat. Les noms, les personnages et les lieux peuvent être le produit de l'imagination de l'auteur. Imprimé par Amazon

SOMMAIRE

Chapitre 1 : **QU'EST-CE QUE L'INTELLIGENCE ARTIFICIELLE ?** 1

Chapitre 2 : **CHATGPT UNE RÉVOLUTION DANS LE MONDE DE L'IA** 7

Chapitre 3 : **COMMENT CHATGPT PEUT VOUS AIDER DANS VOTRE BUSINESS** 15

Chapitre 4 : **IDÉES DE BUSINESS SIMPLES GRÂCE À L'IA (CHATGPT)** 25

Chapitre 5 : **IDÉES DE BUSINESS SIMPLES GRÂCE AU CHATBOTS** 81

CONCLUSION 97

Chapitre 1 :
QU'EST-CE QUE L'INTELLIGENCE ARTIFICIELLE ?

L'intelligence artificielle (IA) est un domaine de la science informatique qui vise à créer des machines capables de simuler l'intelligence humaine. Cela inclut des tâches telles que la reconnaissance vocale, la compréhension du langage naturel, la résolution de problèmes et la prise de décisions. Il existe plusieurs types d'IA, notamment l'IA faible ou l'IA de niveau 1, qui se limite à des tâches spécifiques, et l'IA forte ou l'IA de niveau 2, qui est capable de raisonner et de comprendre.

L'un des principaux domaines de l'IA est l'apprentissage automatique, qui utilise des algorithmes pour permettre aux machines d'apprendre de nouvelles choses à partir de données. Il existe plusieurs types d'algorithmes d'apprentissage automatique, notamment les réseaux de neurones, les arbres de décision et les algorithmes de clustering. Les réseaux de neurones sont utilisés pour les tâches de reconnaissance vocale et de vision, tandis que les arbres de décision sont utilisés pour les systèmes de prise de décision. Les algorithmes de clustering sont utilisés pour regrouper des données similaires ensemble.

L'IA dispose de nombreuses applications dans différents domaines tels que la robotique, la médecine, les finances, la recherche scientifique, la sécurité nationale, les transports, la logistique et la fabrication. Les systèmes d'IA peuvent également être utilisés pour améliorer les services de vente, de marketing et le service à la clientèle. Dans les soins de santé, l'IA peut être utilisée pour diagnostiquer des maladies, planifier des traitements et surveiller les patients. Dans la finance, l'IA peut être utilisée pour l'analyse de données financières, la détection de fraudes et la prise de décision d'investissement.

Cependant, l'IA soulève également des préoccupations éthiques et de sécurité. Il y a des craintes selon lesquelles l'IA puisse être utilisée à des fins malveillantes, comme la surveillance de masse ou la manipulation de l'information. Il y a également des inquiétudes quant à la possibilité que les systèmes d'IA prennent des décisions qui sont moralement douteuses ou qui causent des dommages physiques. Pour gérer ces préoccupations, il est important d'établir des normes éthiques et des réglementations pour encadrer l'utilisation de l'IA.

En conclusion, l'IA est un domaine en constante évolution qui offre de nombreuses possibilités pour améliorer la qualité de vie et résoudre des problèmes.

L'intelligence artificielle (IA) change le monde de manière significative, offrant de nouvelles opportunités pour améliorer la qualité de vie et résoudre des problèmes complexes. Les avancées en matière d'IA ont un impact important sur de nombreux domaines, allant de la robotique à la médecine en passant par les finances, la recherche scientifique et la sécurité nationale.

L'IA dans le domaine de la robotique :

Dans le domaine de la robotique, l'IA permet de créer des robots plus autonomes et plus intelligents. Les robots dotés d'IA peuvent être utilisés pour des tâches dangereuses ou répétitives, comme l'exploration spatiale ou la maintenance industrielle.

L'IA dans le domaine de la médecine :

Dans le domaine de la médecine, l'IA peut être utilisée pour diagnostiquer des maladies, planifier des traitements et surveiller les patients. Les systèmes d'IA peuvent également être utilisés pour analyser les données médicales, découvrir de nouveaux traitements et améliorer la qualité des soins de santé.

L'IA dans le domaine de la finance :

Dans les finances, les systèmes d'IA peuvent être utilisés pour automatiser les processus financiers et améliorer l'efficacité des entreprises.
Dans la recherche scientifique, l'IA peut être utilisée pour étudier les données complexes, découvrir de nouveaux phénomènes et améliorer les processus de

recherche. Dans la sécurité nationale, l'IA peut être utilisée pour détecter les menaces, analyser les données de sécurité et prévoir les crises.

L'IA dans la vie quotidienne :

L'intelligence artificielle (IA) peut nous aider à travers de nombreuses manières dans la vie quotidienne. Elle est déjà présente dans de nombreux aspects de notre vie, comme les assistants virtuels, les systèmes de recommandation et les chatbots.

Les assistants virtuels, comme Amazon Alexa et Google Home, utilisent l'IA pour comprendre la commande vocale des utilisateurs et effectuer des tâches telles que la lecture de la météo ou la lecture de nouvelles. Les systèmes de recommandation, comme ceux utilisés par les plateformes de streaming vidéo et les sites de commerce en ligne, utilisent l'IA pour comprendre les préférences des utilisateurs et leur proposer des contenus ou des produits pertinents. Les chatbots utilisent l'IA pour répondre aux questions des utilisateurs et résoudre leurs problèmes de manière automatisée.

L'IA à la maison :

L'intelligence artificielle peut nous aider également de nombreuses manières à la maison, en automatisant les tâches fastidieuses et en améliorant les services. Les avancées en matière d'IA ont un impact sur de nombreux aspects de la vie domestique, tels que l'éclairage, la sécurité, le divertissement, la cuisine et le nettoyage.

Les assistants domotiques, tels que Amazon Echo et Google Home, utilisent l'IA pour contrôler les appareils connectés dans la maison, tels que les lumières, les thermostats et les serrures. Les utilisateurs peuvent utiliser des commandes vocales pour contrôler ces appareils, ou même utiliser des commandes à distance à travers une application mobile. Les systèmes de sécurité intelligents utilisent eux aussi l'IA pour détecter les intrusions et prévenir les cambriolages.

Les systèmes de divertissement intelligents, tels que les télévisions connectées et les systèmes de diffusion en continu, utilisent l'IA pour recommander des contenus en fonction des préférences de l'utilisateur. Les robots de cuisine intelligents, comme les robots cuiseurs à vapeur et les robots culinaires, utilisent l'IA pour planifier les menus, suivre les recettes et surveiller la cuisson. Les robots aspirateurs et les robots laveurs utilisent l'IA pour nettoyer les sols et les surfaces de manière autonome.

En somme, l'IA peut nous aider de nombreuses manières dans une maison en automatisant les tâches fastidieuses, en améliorant les services et en facilitant les prises de décision. Cependant, il est important de maintenir un équilibre entre les avantages de l'IA et les préoccupations éthiques et de sécurité. Il est donc important de prendre les mesures de sécurité nécessaires pour protéger les systèmes et les données connectés à l'IA.

Chapitre 2 :
CHATGPT UNE RÉVOLUTION DANS LE MONDE DE L'IA

ChatGPT est un modèle de langage développé par OpenAI, un institut de recherche en intelligence artificielle. Il est l'un des modèles de traitement de langage les plus avancés au monde, capable de générer du texte de manière autonome et de répondre à une diversité de questions en utilisant une grande quantité de données.

L'histoire de ChatGPT commence en 2018, lorsque les chercheurs d'OpenAI ont décidé de créer un modèle de traitement de langage capable de générer du texte de manière autonome. Pour ce faire, ils ont utilisé un réseau de neurones appelé «transformer», qui a été entraîné sur un grand corpus de données textuelles. Ce corpus comprenait des articles de journaux, des livres, des articles scientifiques, des blogs et des pages web.
Après des mois d'entraînement, ChatGPT a été présenté au public pour la première fois en 2019. Les chercheurs ont été étonnés de voir à quel point, il était capable de générer du texte de manière autonome, et de répondre à des questions avec une grande précision. Il a également été capable de générer du contenu dans différents domaines, dont la fiction, les sciences, les nouvelles et les articles scientifiques.

Une anecdote intéressante est que lors de son lancement, les développeurs ont réalisé que ChatGPT était capable de produire des textes qui semblaient être écrits par des humains, cela a conduit à une réflexion sur les conséquences éthiques de cette capacité de duplication de l'écriture humaine.

Avec le temps, ChatGPT a été utilisé pour de nombreuses applications, notamment la génération de contenu, la traduction automatique, la création de résumés et la réponse à des questions. Il a été utilisé pour générer des histoires, des articles, des scripts de films et même des chansons.

D'où vient ChatGPT ?

ChatGPT est un modèle de traitement automatique de la langue qui est basé sur le modèle GPT-3. En d'autres termes, ChatGPT est une version spécifique de GPT-3 qui a été optimisée pour comprendre et générer du texte pour les conversations en temps réel. Il est capable de répondre à des questions et de continuer une conversation de manière fluide, comme le ferait un humain.

GPT-3, quant à lui, est un modèle de traitement automatique de la langue plus général, qui a été entraîné sur un grand corpus de données pour comprendre et générer des textes de différents genres. Il peut être utilisé pour différentes tâches telles que la génération de contenu, la traduction automatique, la rédaction de rapports, etc.

En résumé, ChatGPT est une version spécifique de GPT-3 qui a été optimisée pour les conversations en temps réel, alors que GPT-3 est un modèle plus général de traitement automatique de la langue qui peut être utilisé pour de nombreuses tâches différentes.

Pourquoi la plupart des personnes utilisent-elles ChatGPT pour du texte plutôt que GPT-3 ?

Il existe plusieurs raisons pour lesquelles on pourrait utiliser ChatGPT plutôt que GPT-3 :

1. **Interaction en temps réel** : ChatGPT a été optimisé pour les conversations en temps réel, il est donc plus adapté pour des tâches de dialogue et de compréhension de la langue naturelle. Il peut répondre à des questions et continuer une conversation de manière fluide, comme le ferait un être humain.

2. **Simplicité d'utilisation** : ChatGPT est conçu pour être facile à utiliser, il peut être intégré à des applications ou des sites web pour ajouter des fonctionnalités de dialogue. Il peut également être utilisé pour créer des chatbots pour les entreprises ou les organisations.

3. **Coût** : GPT-3 dispose d'un coût d'utilisation assez élevé, qui peut être un frein pour certaines entreprises ou organisations qui cherchent à utiliser des modèles de traitement automatique de la langue mais qui n'ont pas les moyens de payer des tarifs élevés. Tandis que

ChatGPT est une alternative plus abordable pour les utilisateurs qui cherchent à utiliser des modèles de traitement automatique de la langue.

En somme, ChatGPT est plus adapté pour les tâches de dialogue et de compréhension de la langue naturelle, il est plus facile à utiliser et plus abordable que GPT-3 pour certaines utilisations. Cependant, GPT-3 reste un modèle plus polyvalent et plus avancé qui peut être utilisé pour un plus grand nombre de tâches liées au traitement automatique de la langue.

Comment utiliser ChatGPT

Utiliser ChatGPT peut sembler un peu complexe, mais voici une explication simple pour y arriver :

1. Créez un compte sur OpenAI pour avoir accès à l'API de ChatGPT

2. Préparez les données d'entraînement, c'est-à-dire les exemples de textes que vous souhaitez que ChatGPT apprenne pour générer des réponses.

3. Utilisez l'API pour envoyer des prompts ou des questions à ChatGPT et recevoir des réponses générées.

4. Utilisez les réponses générées pour vos applications ou analysez-les pour comprendre les résultats.

Il est important de noter que pour utiliser ChatGPT efficacement, il est nécessaire de préparer des données d'entraînement de qualité et de vérifier les résultats pour s'assurer qu'ils sont pertinents et précis.

Définition de "prompt "

Un prompt est une entrée ou une question utilisée pour déclencher la génération de texte automatisé par un modèle de traitement automatique de la langue comme ChatGPT. Il est généralement utilisé pour spécifier le contexte ou le sujet sur lequel le modèle doit générer du texte.

Dans le cas de ChatGPT, un prompt peut être une phrase ou une question, qui est utilisée pour donner au modèle un contexte sur lequel il doit générer une réponse. Par exemple, si vous voulez générer une réponse à la question "Comment allez-vous?", vous pourriez envoyer un prompt comme "Comment allez-vous?" à ChatGPT, et il générerait une réponse comme "Je vais bien, et vous ?"

Un autre exemple : si vous voulez générer un article sur "Comment bien choisir son aspirateur", vous pourriez envoyer un prompt comme "Guide d'achat pour bien choisir son aspirateur" à ChatGPT, et il générerait un texte sur les critères à prendre en compte pour choisir un aspirateur qui convient à vos besoins.

Un prompt, c'est comme donner un indice à un ami pour qu'il puisse répondre à une question ou résoudre un casse-tête. Sauf que dans le cas de ChatGPT, c'est plutôt comme donner un indice à un super-ordinateur ultra-intelligent.

Il est important de noter que le prompt doit être spécifique pour la tâche que vous voulez et doit être formulé de manière à ce que ce dernier puisse comprendre le contexte. Il est également important de noter que plus les prompts sont longs, plus le modèle pourra donner des réponses bien détaillée.

Le Futur de ChatGPT

L'avenir de ChatGPT est très prometteur ! Imaginez un modèle de traitement de langage qui peut non seulement générer du texte de manière autonome, mais aussi comprendre le sarcasme, détecter les sentiments et raconter des blagues. Imaginez un ChatGPT qui peut écrire des romans à succès, écrire des scripts pour les blockbusters Hollywoodiens, et même écrire des pièces de théâtre gagnantes aux Tony Awards !

Mais sérieusement, les chercheurs d'OpenAI et d'autres instituts de recherche en IA continueront à travailler sur de nouvelles méthodes pour améliorer les modèles de traitement de langage. Il est probable que ChatGPT continuera à évoluer pour devenir encore plus compétent dans la compréhension du contexte et des sentiments, ce qui permettra de générer des réponses plus naturelles et plus pertinentes. Il pourrait également y avoir des améliorations en termes de performance, de vitesse et de consommation d'énergie.

Il est difficile de prévoir exactement combien de personnes utiliseront ChatGPT dans un futur proche, car cela dépendra de l'adoption de l'IA dans différents domaines et de la disponibilité des ressources pour utiliser ChatGPT. Cependant, étant donné que ce dernier est un modèle de traitement de langage très avancé et fiable, il est probable que de plus en plus d'entreprises et d'instituts de recherche l'adopteront.

Chapitre 3 :
COMMENT CHATGPT PEUT VOUS AIDER DANS VOTRE BUSINESS

ChatGPT est un outil vraiment pratique pour les entreprises qui cherchent à automatiser certaines tâches ou à obtenir des insights supplémentaires. Il peut vous aider à générer des idées pour vos campagnes marketing, à rédiger des documents commerciaux convaincants, à prévoir vos ventes, à analyser vos données et même à créer des scripts pour les assistants vocaux. Il est comme avoir un collègue supplémentaire, toujours prêt à vous donner un coup de main et à vous offrir des perspectives différentes.

Il est particulièrement utile pour les entreprises qui cherchent à réduire les coûts liés aux ressources humaines ou à améliorer la satisfaction des clients. Il peut vous aider à automatiser certaines tâches, vous permettant de vous concentrer sur d'autres aspects de votre entreprise.

Si vous n'avez pas encore de business, vous pouvez passer au chapitre suivant et revenir lorsqu'il sera mis en place. Si vous êtes curieux, encore mieux ! Restez, nous vous accueillons à bras ouverts. Voici quelques idées pour faciliter votre vie dans votre business.

Génération de contenu marketing :

ChatGPT est un outil incroyable pour la génération de contenu marketing. Il a été utilisé avec succès par de nombreuses entreprises pour créer du contenu de qualité qui attire l'attention des consommateurs.

Par exemple, une entreprise de vêtements a utilisé ce dernier pour générer des descriptions de produits pour leur nouvelle collection de printemps. En utilisant des prompts de type "génère une description pour un t-shirt à manches courtes en lin", ChatGPT a généré des descriptions uniques et accrocheuses qui ont attiré l'attention des clients sur les réseaux sociaux. Les ventes de la nouvelle collection de printemps ont augmenté de manière significative, en grande partie grâce à la qualité du contenu généré par ChatGPT.

Cet exemple montre que ChatGPT peut être utilisé pour créer du contenu de qualité qui est efficace pour les entreprises. Il peut générer du contenu rapidement et efficacement, économisant ainsi beaucoup de temps et d'efforts pour les équipes de marketing. De plus, ChatGPT est capable de générer du contenu de haute qualité qui peut être adapté à différents formats et canaux de communication.

En utilisant ChatGPT pour générer du contenu marketing, les entreprises peuvent également améliorer la qualité de leur contenu grâce à des mots-clés pertinents pour optimiser leur référencement naturel. Cela peut aider les entreprises à augmenter leur visibilité en ligne et à atteindre un public ciblé.

En somme, ChatGPT est un outil précieux pour les entreprises souhaitant générer du contenu marketing de qualité en peu de temps. Il peut les aider à économiser du temps et des efforts, tout en augmentant la qualité et l'efficacité de leur contenu, comme le montre l'exemple de cette entreprise de vêtements.

Recherches de marché :

ChatGPT peut être un outil précieux pour les entreprises désireuses d'effectuer des recherches de marché. Il peut être utilisé pour générer des rapports de marché, des études de marché, des études de cas, des études de concurrence, etc.

En utilisant des prompts de type "génère une étude de marché sur [sujet]", ChatGPT peut générer des rapports détaillés comprenant des informations sur les tendances du marché, les principaux acteurs, les opportunités de marché et les prévisions de ventes. Ces informations sont cruciales pour les entreprises qui souhaitent prendre des décisions informées sur les produits ou les services qu'elles souhaitent lancer sur le marché.

En outre, ChatGPT peut également être utilisé pour générer des études de marché sur les concurrents, en utilisant des prompts de type "génère une étude de marché sur les concurrents de [entreprise]". Cela peut aider les entreprises à comprendre les stratégies de leurs concurrents et à élaborer des stratégies pour se démarquer sur le marché.

En somme, ChatGPT est un outil très utile pour les entreprises qui souhaitent effectuer des recherches de marché efficacement et rapidement ; il peut générer des informations précieuses qui permettront aux entreprises de prendre des décisions importantes pour leur stratégie de marché.

Prévisions de ventes :

ChatGPT peut être un outil précieux pour les entreprises souhaitant effectuer des prévisions de ventes. Il peut utiliser des données historiques et des tendances de marché pour générer des prévisions précises et fiables.

Par exemple, une entreprise de produits électroniques a utilisé ChatGPT pour générer des prévisions de ventes pour leur nouvelle tablette. En utilisant des prompts de type "génère des prévisions de ventes pour notre nouvelle tablette en utilisant les données historiques et les tendances de marché", ChatGPT a généré des prévisions précises qui ont aidé l'entreprise à élaborer une stratégie de stockage et de distribution efficace. Les prévisions de ce dernier se sont avérées exactes, ce qui a permis à l'entreprise de maximiser ses ventes et de réduire ses coûts d'inventaire.

En utilisant ChatGPT pour les prévisions de ventes, les entreprises peuvent économiser beaucoup de temps et d'efforts grâce à des données automatisées et des modèles prédictifs de haute qualité. Cela peut également aider les entreprises à prendre des décisions informées sur les investissements à venir et à maximiser leurs profits.

En somme, ChatGPT est un outil précieux pour les entreprises souhaitant effectuer des prévisions de ventes de manière efficace et précise. Il peut aider les entreprises à élaborer une stratégie de stockage et de distribution efficace et à maximiser leurs ventes en utilisant des données automatisées et des modèles prédictifs de haute qualité comme l'a montré cette entreprise de produits électroniques.

Analyse de données :

ChatGPT peut être un outil puissant pour l'analyse de données. Il peut être utilisé pour analyser des données textuelles de différentes sources, comme les commentaires des clients, les avis de produits, les articles de presse, les messages sur les réseaux sociaux, etc.

Il peut être utilisé pour extraire des informations clés à partir de ces données, comme les sentiments exprimés, les tendances, les opinions, les préférences des clients, etc.

Par exemple, une entreprise de produits alimentaires a utilisé ChatGPT pour analyser les commentaires des clients sur leurs produits. En utilisant des prompts de type "analyse les commentaires des clients sur nos produits", ChatGPT a extrait des informations clés sur les aspects positifs et négatifs des produits, les tendances de satisfaction des clients et les opportunités d'amélioration. Cela a permis à l'entreprise de prendre des décisions sur les changements à apporter à leurs produits pour améliorer la satisfaction des clients.

En utilisant ChatGPT pour l'analyse de données, les entreprises peuvent économiser beaucoup de temps et d'efforts à partir des données.

ChatGPT peut être utilisé pour créer des chatbot pour aider les clients à trouver des informations sur les produits, à résoudre des problèmes, à passer des commandes, etc. Il peut également être utilisé pour générer des réponses automatiques pour les e-mails, les messages sur les réseaux sociaux, les appels téléphoniques, etc.

Il peut être utilisé pour générer des réponses automatiques en utilisant des prompts de type "génère une réponse automatique pour [question]". Il peut être entraîné sur des exemples de questions et de réponses pour être en mesure de générer des réponses précises et pertinentes.

Par exemple, une entreprise de service clientèle a utilisé ChatGPT pour créer un chatbot pour aider les clients à trouver des informations sur les produits et à résoudre des problèmes. Ce dernier a généré des réponses automatiques précises et pertinentes qui ont aidé les clients à résoudre leurs problèmes rapidement et efficacement, ce qui a entraîné une augmentation de la satisfaction des clients.

Génération de modèles de données pour les entreprises :

ChatGPT peut être utilisé pour générer des modèles d'analyse de données pour extraire des insights sur les tendances de marché, les comportements des consommateurs, les opinions des clients, etc.

Il peut être également utilisé pour générer des modèles de données en utilisant des prompts de type "génère un modèle de données pour [sujet]". Il peut être entraîné sur des données historiques pour être en mesure de générer des modèles prédictifs précis et pertinents pour les entreprises.

Par exemple, une entreprise de services financiers a utilisé ChatGPT pour générer un modèle de détection de fraudes. En utilisant des prompts de type "génère un modèle de détection de fraudes en utilisant les données historiques de transactions", ChatGPT a généré un modèle prédictif qui a été utilisé pour détecter les transactions frauduleuses avec une grande précision. Cela a permis à l'entreprise de réduire les pertes liées à la fraude et d'améliorer la sécurité de ses opérations.

Création de chatbot pour le service client :

ChatGPT peut être un outil très efficace pour la création de chatbot pour le service client. Il peut être utilisé pour créer des chatbot capables de comprendre les questions et les demandes des clients, de leur fournir des réponses précises et pertinentes, de résoudre des problèmes, de passer des commandes, etc.

Il peut être utilisé pour créer des chatbots en utilisant des prompts de type "génère un script pour un chatbot capable de répondre à [question]". Il peut être entraîné sur des exemples de questions et de réponses pour être en mesure de générer des réponses précises et pertinentes. Cela permet de réduire les coûts liés aux ressources humaines pour les services client, d'améliorer la satisfaction des clients et d'augmenter les ventes.

Par exemple, une entreprise de service clientèle a utilisé ChatGPT pour créer un chatbot qui permettait de répondre aux demandes les plus courantes des clients, comme les informations sur les produits, les retours ou les changements de commande. Cette entreprise a pu créer un chatbot capable de comprendre les demandes des clients et de leur fournir des réponses automatiques précises et pertinentes, ce qui a entraîné une augmentation de la satisfaction des clients et une réduction des coûts liés aux ressources humaines pour les services client.

Rédaction de documents commerciaux :

ChatGPT peut être un outil précieux pour l'assistance à la rédaction de documents commerciaux. Il peut être utilisé pour générer des idées pour les campagnes publicitaires, les propositions commerciales, les plans d'affaires, les scripts de présentation, les discours, etc.

Il peut être entraîné sur des exemples de documents commerciaux pour être en mesure de générer des documents de haute qualité et convaincants. Cela peut aider les entreprises à économiser beaucoup de temps et d'efforts pour la rédaction de documents commerciaux.

Par exemple, une entreprise de technologie a utilisé ChatGPT pour générer une proposition commerciale pour un nouveau produit. En utilisant des prompts de type "génère une proposition commerciale pour notre nouveau produit en mettant en avant ses avantages et ses fonctionnalités", ChatGPT a généré une proposition convaincante qui a été utilisée pour convaincre les clients potentiels d'acheter le produit. Cela a permis à l'entreprise de réaliser des ventes supplémentaires et de développer son activité.

En utilisant ChatGPT pour l'assistance à la rédaction de documents commerciaux, les entreprises peuvent économiser beaucoup de temps et d'efforts en automatisant la rédaction de documents de qualité professionnelle, et en ayant des idées de campagnes publicitaires, des propositions commerciales, des plans d'affaires, des scripts de présentation, des discours, etc.

Génération de scripts pour les assistants vocaux :

ChatGPT peut être un outil très efficace pour la génération de scripts pour les assistants vocaux. Il peut être utilisé pour créer des scripts pour les assistants vocaux capables de répondre aux questions des utilisateurs, de résoudre des problèmes, de passer des commandes, de fournir des informations, etc.

Il peut être utilisé pour générer des scripts pour les assistants vocaux en utilisant des prompts de type "génère un script pour un assistant vocal capable de répondre à [question]". Il peut être entraîné sur des exemples de questions et de réponses pour être en mesure de générer des réponses précises et pertinentes.

Par exemple, une entreprise de service clientèle a utilisé ChatGPT pour créer un script pour un assistant vocal capable de répondre aux demandes les plus courantes des clients, comme les informations sur les produits, les retours ou les changements de commande. En utilisant ChatGPT, cette entreprise a pu créer un script pour un assistant vocal capable de comprendre les demandes des clients et de leur fournir des réponses automatiques précises et pertinentes, ce qui a entraîné une augmentation de la satisfaction des clients et une réduction des coûts liés aux ressources humaines pour les services client.

Chapitre 4 :
IDÉES DE BUSINESS SIMPLES GRÂCE À L'IA (CHATGPT)

L'intelligence artificielle (IA) est comme un partenaire d'affaires, sauf qu'il ne vous demandera jamais de lui acheter une voiture de fonction, et il ne se plaindra jamais de la pause déjeuner. Il est toujours prêt à travailler, même la nuit, et il ne prend jamais de vacances. Il est efficace, rapide et précis, il peut résoudre des problèmes complexes, analyser des données et prendre des décisions. Il est comme avoir un superman dans l'équipe, sauf qu'il ne porte pas de collant moulant et il ne sauve pas le monde. Il sauvera plutôt votre entreprise en vous aidant à augmenter les ventes, améliorer les services et améliorer l'efficacité. En somme, l'IA est le partenaire d'affaires idéal pour tous ceux qui cherchent à rester compétitifs dans un monde en constante évolution.

L'intelligence artificielle peut rendre les processus commerciaux plus simples de plusieurs manières. Tout d'abord, elle peut automatiser certaines tâches fastidieuses ou répétitives, comme la saisie de données ou la gestion de la clientèle. Cela permet aux entreprises de se concentrer sur des tâches plus importantes et de gagner du temps.

Deuxièmement, l'IA peut améliorer la prise de décision en fournissant des données et des analyses plus précises et plus rapidement. Cela peut aider les entreprises à identifier les opportunités de croissance, à éviter les risques et à améliorer l'efficacité opérationnelle.

Enfin, l'IA peut améliorer la communication et l'expérience client en permettant aux entreprises de mieux comprendre les besoins de leurs clients et de leur fournir des réponses plus rapides et plus pertinentes. Cela peut entraîner une augmentation de la satisfaction client et de la fidélisation.

Voici maintenant des idées de business à réaliser grâce à l'intelligence artificielle :

Ecrire du contenu viral sur les réseaux sociaux grâce à l'IA

Le rêve de devenir influenceur sur les réseaux sociaux ou créer une agence pour générer du contenu pour les réseaux sociaux.

ChatGPT pour écrire du contenu sur les réseaux sociaux :

Utiliser ChatGPT pour écrire du contenu sur les réseaux sociaux, c'est comme avoir un ami écrivain dans votre poche ! Imaginez, vous êtes en train de prendre votre café du matin tranquillement et vous vous rendez compte que vous avez oublié de planifier vos publications pour la journée. Pas de panique !

ChatGPT est là pour vous sauver la mise. Il peut écrire des publications divertissantes, des tweets hilarants et des légendes d'images qui feront rire vos abonnés. Vous pouvez même lui demander de générer du contenu dans plusieurs langues pour toucher un public encore plus large ! En utilisant ChatGPT, vous pouvez dire adieu aux crises de panique liées aux publications sur les réseaux sociaux.

Oui, ChatGPT peut générer du contenu pour les réseaux sociaux. Il peut créer des publications, des tweets, des captions, des légendes d'images et d'autres types de contenu pour les réseaux sociaux en utilisant les informations et les instructions que vous lui fournissez. Cependant, il est important de noter que le contenu généré par ChatGPT doit être vérifié et modifié pour s'assurer qu'il est approprié, précis et conforme aux normes de la communauté avant de le publier sur les réseaux sociaux.

Community manager ou gestionnaire de communauté :

Le métier de création de contenu sur les réseaux sociaux est généralement connu sous le nom de "community manager" ou "gestionnaire de communauté" en français. Ce métier consiste à gérer les présences en ligne d'une entreprise, d'une marque ou d'une personnalité sur les différents réseaux sociaux en créant et en diffusant du contenu pertinent et attractif pour engager et fidéliser les communautés.

Le community manager est chargé de développer une stratégie de contenu, de gérer les interactions avec les followers, de surveiller les tendances et les conversations en ligne pour identifier les opportunités d'engagement, de répondre aux commentaires et de gérer les crises de communication.

Il peut aussi être amené à mettre en place des campagnes publicitaires sur les réseaux sociaux, à analyser les statistiques pour mesurer les performances des actions menées et à proposer des améliorations pour atteindre les objectifs fixés.
Maintenant il est possible de créer un logiciel ou une agence pour générer du contenu pour les réseaux sociaux en utilisant ChatGPT. Ce logiciel ou cette agence pourrait utiliser les fonctionnalités de ce dernier pour générer automatiquement du contenu pour les réseaux sociaux en fonction des informations et des instructions fournies par les utilisateurs. Il pourrait inclure des options pour la personnalisation du contenu, la planification des publications et la génération de contenu multilingue.

Il y a plusieurs raisons pour lesquelles il peut être préférable de faire appel à un modèle de traitement du langage naturel comme ChatGPT plutôt qu'à des rédacteurs de contenu sur les réseaux sociaux :

1. **La rapidité** : ChatGPT peut générer du contenu en quelques secondes, alors qu'il peut falloir des heures ou des jours pour trouver un rédacteur de contenu qualifié et obtenir le contenu souhaité.

2. **La qualité** : ChatGPT a été entraîné sur des millions de documents, il est donc capable de générer du contenu de haute qualité et de répondre à des questions précises avec une grande précision.

3. **La scalabilité** : ChatGPT peut générer autant de contenu que nécessaire, ce qui n'est pas toujours le cas avec les rédacteurs de contenu qui peuvent avoir des limites de temps ou de capacité.

4. **La flexibilité** : ChatGPT peut générer du contenu dans plusieurs langues et pour différents types de sujets, ce qui permet une grande flexibilité pour répondre à des besoins spécifiques.

Voici un exemple concret :

Imaginons qu'une entreprise de e-commerce veuille lancer une campagne de publicité pour promouvoir un nouveau produit sur les réseaux sociaux. Pour cela, l'entreprise a besoin d'une grande quantité de contenu pour remplir sa page Facebook, son compte Instagram, et ses campagnes publicitaires. Elle décide alors de faire appel à des rédacteurs de contenu pour écrire des descriptions de produits, des posts de blog, et des annonces publicitaires.

Cependant, après quelques jours, l'entreprise s'aperçoit que les rédacteurs ne peuvent pas produire assez de contenu pour remplir toutes les plateformes de manière efficace. Les annonces publicitaires ne sont pas prêtes à temps, les posts de blog ne sont pas suffisamment variés, et la page Facebook est loin d'être remplie.

Dans un tel cas, l'utilisation d'un modèle de traitement du langage naturel comme ChatGPT aurait permis de générer rapidement un grand nombre de descriptions de produits, de posts de blog et de publicités de qualité, permettant une meilleure et plus rapide campagne publicitaire.

Il existe plusieurs façons de créer un business de "création de contenu sur les réseaux sociaux" en utilisant ChatGPT. Voici quelques idées :

1. Génération automatique de publications sur les réseaux sociaux : Vous pouvez utiliser ChatGPT pour générer automatiquement des publications sur les réseaux sociaux pour votre entreprise ou pour des clients. Vous pouvez entraîner ChatGPT avec des exemples de publications sur les réseaux sociaux pour qu'il puisse générer des publications similaires qui sont adaptées à votre public cible.

2. **Création de contenu personnalisé pour les clients** : Vous pouvez utiliser ChatGPT pour créer des contenus personnalisés pour les clients qui souhaitent augmenter leur présence sur les réseaux sociaux. Vous pouvez utiliser ChatGPT pour générer des publications sur les réseaux sociaux, des articles de blog, des scripts de vidéos, etc, en tenant compte des besoins spécifiques de chaque client.

3. **Génération de contenu viral** : Vous pouvez utiliser ChatGPT pour générer du contenu viral qui est susceptible de devenir populaire sur les réseaux sociaux. Vous pouvez utiliser ChatGPT pour générer des titres accrocheurs, des images humoristiques, des devinettes, etc. qui pourraient être partagés sur les réseaux sociaux.

Il est important de noter que pour mettre en place une de ces idées, il faut avoir une certaine connaissance en matière de stratégie de contenu pour les réseaux sociaux, de connaissance des algorithmes de ces plateformes et de connaissance en matière de génération automatique de contenu. Il est important de noter que l'utilisation de ChatGPT ne remplace pas la réflexion stratégique et créative qu'il faut avoir lors de la création de contenu pour les réseaux sociaux.

Scripts YouTube

Les scripts YouTube sont utilisés pour écrire les dialogues et les scénarios des vidéos YouTube. Ils peuvent être utilisés pour les vidéos de divertissement, les tutoriels, les vidéos de marketing, les vlogs, et plus encore. Les scripts peuvent inclure des instructions pour les animations, les effets visuels, les transitions, et les instructions pour les acteurs ou les présentateurs.

Les scripts YouTube peuvent aider à planifier la structure de la vidéo, à organiser les idées, et à assurer une bonne présentation de l'histoire ou du message à transmettre.

En utilisant des scripts pour écrire les vidéos YouTube, les créateurs de contenu peuvent également éviter les erreurs de prononciation, les erreurs de grammaire, et les pauses gênantes, ce qui contribue à une meilleure qualité globale de la vidéo.

Il y a plusieurs inconvénients à engager un rédacteur pour des scripts YouTube, notamment :

1. **Coût élevé** : Engager un rédacteur professionnel pour écrire des scripts peut être coûteux, surtout si vous avez besoin de scripts régulièrement.

2. **Temps d'attente** : Il peut y avoir un délai pour que le rédacteur termine le script, ce qui peut ralentir le processus de production de vidéo.

3. **Difficulté à capturer l'essence de la marque** : Un rédacteur extérieur pourrait ne pas comprendre complètement l'essence de votre marque ou de votre contenu, ce qui peut entraîner des scripts qui ne correspondent pas à votre style ou à votre message.

4. **Difficulté à s'adapter aux changements** : Si vous avez besoin de modifications ou de révisions, il peut être difficile pour un rédacteur extérieur de s'adapter rapidement aux changements.

5. **Manque de flexibilité** : Si vous avez des idées créatives pour votre contenu vous-même, il peut être difficile de les communiquer à un rédacteur extérieur et d'obtenir le résultat souhaité.

6. **Manque de confidentialité** : Si vous avez des idées ou des projets qui nécessitent une certaine confidentialité, il peut être difficile de les partager avec un rédacteur extérieur.

Il est important de noter que cela dépend également de la qualité du rédacteur que vous allez engager, il peut y avoir des avantages à engager un rédacteur professionnel qui a une grande expérience et une bonne compréhension de votre marché et de votre public cible.

ChatGPT peut être une alternative géniale pour écrire des scripts YouTube. Vous pouvez dire adieu à la frustration de chercher des idées de contenu et de passer des heures à écrire des scripts.

Imaginez pouvoir simplement lui donner une idée de départ et de regarder ChatGPT créer un scénario hilarant qui va enflammer votre public. C'est comme avoir un comique personnel qui écrit pour vous 24/7. En fait, ChatGPT est tellement bon qu'il pourrait même devenir la star de votre chaîne YouTube, et vous pourriez devenir sa "personne de liaison" avec le public.

Et si vous avez besoin de réviser votre script ? Pas de problème ! ChatGPT est plus flexible qu'un acrobate de cirque, il peut s'adapter à vos changements en un éclair. Il est même capable de s'adapter à votre style d'écriture pour que vos scripts aient toujours un ton cohérent.

En somme, ChatGPT est l'outil idéal pour tous les créateurs de contenu qui cherchent à ajouter de la saveur à leurs scripts YouTube. Il peut vous aider à écrire des histoires plus amusantes, plus captivantes et plus mémorables qui vont faire de vous une star de YouTube en un rien de temps !

En utilisant ChatGPT pour créer des scripts pour votre propre chaîne YouTube, vous pouvez bénéficier de la puissance de l'intelligence artificielle pour améliorer la qualité de vos vidéos. ChatGPT peut vous aider à générer des idées de contenu, à organiser votre script, à écrire des dialogues et des descriptions convaincantes.

Il y a plusieurs façons pour une chaîne YouTube de générer de l'argent, voici les plus courantes :

La publicité : les annonceurs peuvent payer pour diffuser des publicités vidéo sur votre chaîne. Plus vous avez de vues sur vos vidéos, plus vous pouvez gagner d'argent en publicité.

1. **Les partenariats** : vous pouvez établir des partenariats avec des marques et intégrer leurs produits ou services dans vos vidéos. Les marques paient pour cela.

2. **Les dons** : vous pouvez permettre à vos abonnés de faire des dons à travers des plateformes de paiement en ligne.

3. **Les produits dérivés** : vous pouvez vendre des produits dérivés comme des t-shirts, des casquettes, etc. avec votre logo ou image sur.

Les abonnements : certains créateurs peuvent proposer des contenus exclusifs ou des avantages pour les abonnés payants.

L'intelligence artificielle (IA) permet de faciliter la création de contenu vidéo. Vous n'avez plus besoin de vous casser la tête pour écrire des scripts ou monter des vidéos. Des outils basés sur l'IA peuvent vous aider à générer automatiquement du contenu, à optimiser la qualité de la vidéo et à personnaliser les effets. Cela vous permet de gagner du temps et de vous concentrer sur d'autres aspects de votre travail.

Vendre des scripts à des YouTubers :

D'un autre côté, vous pouvez également choisir de vendre des scripts créés avec ChatGPT à d'autres YouTubers. Cela peut vous permettre de générer des revenus supplémentaires en utilisant les compétences de ChatGPT pour créer des scripts de qualité pour les autres. Il est important de noter que vous devrez vous assurer que les scripts vendus ne violeront pas les droits d'auteur d'autres personnes et respecter les règles de propriété intellectuelle.

Il existe plusieurs façons de vendre des scripts YouTube:

1. **Plateformes de vente en ligne** : Il existe des plateformes spécialisées pour vendre des scripts, comme Fiverr ou Upwork. Vous pouvez y créer un profil et proposer vos scripts à des acheteurs potentiels.

2. **Réseaux sociaux** : Utilisez les réseaux sociaux pour promouvoir vos scripts. Créez une page professionnelle sur Facebook ou Instagram, et partagez des extraits de vos scripts pour montrer à vos followers ce que vous proposez.

3. **Site web** : Créez un site web pour vendre vos scripts. Vous pouvez y inclure des échantillons de vos scripts, des informations sur vos tarifs et un formulaire de contact pour les acheteurs potentiels.

4. **Réseau de contacts** : Utilisez votre réseau de contacts pour trouver des acheteurs potentiels. Parlez de vos scripts à vos amis, à vos collègues et à vos relations professionnelles, et demandez-leur de vous présenter à des acheteurs potentiels.

En résumé, vous avez le choix entre utiliser les capacités de ChatGPT pour améliorer votre propre chaîne YouTube ou pour générer des revenus en vendant des scripts créés avec ChatGPT à d'autres YouTubers. Il est important de considérer les avantages et les inconvénients de chaque option avant de prendre une décision.

Créer des articles de blog

Un blog est un type de site web qui permet à un individu ou à une entreprise de publier régulièrement des articles, des images et des vidéos sur un sujet donné. Il est souvent utilisé pour partager des idées, des opinions, des nouvelles, des expériences et des conseils sur un domaine particulier.

Les blogs peuvent être utilisés pour de nombreuses raisons, telles que :

- **Partager des idées et des opinions** : Les blogs peuvent être utilisés pour partager des idées et des opinions sur un sujet donné. Cela peut inclure des sujets tels que la politique, la technologie, la mode, la cuisine, etc. Les blogueurs peuvent également utiliser leur blog pour partager leur point de vue sur des sujets actuels.

- **Faire de la publicité** : Les entreprises peuvent utiliser des blogs pour faire de la publicité pour leurs produits ou services. Les articles de blog peuvent inclure des informations sur les produits, les offres spéciales, les nouveaux produits, etc. Les blogs peuvent également être utilisés pour attirer les visiteurs sur un site web et les inciter à acheter un produit ou un service.

- **Créer une communauté** : Les blogs peuvent être utilisés pour créer une communauté autour d'un sujet donné. Les visiteurs peuvent laisser des commentaires sur les articles et échanger des idées avec d'autres personnes intéressées par le même sujet.

- **Gagner de l'argent** : Les blogueurs peuvent gagner de l'argent en utilisant des méthodes telles que la publicité, les liens d'affiliation, les ventes de produits, les services de consultance, etc.

- **Améliorer la visibilité en ligne** : Les blogs peuvent être utilisés pour améliorer la visibilité en ligne d'une entreprise ou d'un individu. Les articles de blog peuvent être partagés sur les réseaux sociaux et les moteurs de recherche, ce qui peut aider à augmenter le trafic sur un site web et à améliorer le classement dans les résultats de recherche.

En somme, un blog est un outil polyvalent qui peut être utilisé pour partager des idées, créer une communauté, faire de la publicité, gagner de l'argent et améliorer la visibilité en ligne. Il est donc un outil efficace pour les entreprises et les individus qui souhaitent se faire connaître et communiquer sur un sujet particulier.

En quoi l'utilisation de l'intelligence artificielle pour remplacer un rédacteur peut-elle vous permettre de gagner jusqu'à 80% de temps sur ce type de business ?

Vous savez ce qui est encore plus ennuyeux que de chercher de l'inspiration pour écrire un article de blog ? C'est d'écrire l'article lui-même ! Mais ne vous inquiétez pas, car j'ai la solution à vos problèmes : ChatGPT ! C'est comme avoir un chatbot magique qui peut écrire des articles de blog pour vous. Plus besoin de passer des heures à essayer de trouver l'inspiration, ou de se taper des crampes aux doigts. Laissez ChatGPT s'occuper de tout, et profitez de votre temps libre pour des choses plus importantes.

Avec l'avancée de la technologie, il n'est plus nécessaire de passer des heures à chercher de l'inspiration pour écrire des articles de blog ou de les rédiger soi-même. L'IA peut écrire des articles de blog pour vous. Il peut générer du contenu de qualité sur un sujet donné en utilisant les informations fournies. Cela permet de gagner du temps et de l'énergie pour se concentrer sur d'autres tâches importantes. De plus, ChatGPT peut également être utilisé pour corriger les erreurs grammaticales et stylistiques dans les articles déjà écrits. En somme, ce dernier est un outil pratique pour les blogueurs et les rédacteurs de contenu qui souhaitent améliorer leur productivité.

Il existe de nombreuses manières de gagner de l'argent avec un blog, mais voici deux options populaires :

1. **Vendre vos propres produits** : Vous pouvez utiliser votre blog pour vendre vos propres produits, tels que des e-books, des cours en ligne, des designs, des thèmes, etc. Cela vous permet de contrôler les prix et les marges bénéficiaires, et de construire une marque personnelle ou une entreprise en ligne.

2. **Vendre des articles de blog à des clients** : Vous pouvez également gagner de l'argent en vendant des articles de blog à des clients pour leur propre utilisation. Les clients peuvent être

des entreprises, des blogueurs ou des particuliers qui cherchent à publier du contenu de qualité sur leur propre site web ou blog. Vous pouvez également vendre des articles de blog sur des sites de vente de contenu, comme des plateformes de micro-job. Cette option peut être particulièrement intéressante si vous avez une expertise dans un domaine particulier ou si vous êtes capable de produire du contenu de qualité sur un sujet donné.

Quelles sont les meilleures manières de gagner de l'argent avec son blog personnel ?

Il existe plusieurs moyens de gagner de l'argent avec un blog, voici quelques-unes des options les plus populaires :

1. **Publicité** : Vous pouvez gagner de l'argent en affichant des annonces sur votre blog. Il existe différents types d'annonces, comme les bannières, les annonces contextuelles, les annonces vidéo, etc. Vous pouvez utiliser des réseaux publicitaires pour afficher des annonces sur votre blog et être payé à chaque clic ou à chaque impression.

2. **Liens d'affiliation** : Vous pouvez gagner de l'argent en incluant des liens d'affiliation dans vos articles de blog. Les liens d'affiliation vous permettent de promouvoir des produits ou des services et de recevoir une commission pour

chaque vente ou inscription réalisée via ces liens.

3. **Produits numériques** : Vous pouvez également gagner de l'argent en vendant vos propres produits numériques sur votre blog, comme des e-books, des cours en ligne, des designs, des thèmes, etc.

4. **Services de consultance** : Si vous avez une expertise dans un domaine particulier, vous pouvez offrir des services de consultance sur votre blog et être payé pour des séances de consultation individuelles ou des ateliers.

5. **Programme de parrainage** : Vous pouvez également gagner de l'argent en parrainant d'autres entreprises ou produits sur votre blog, en échange d'une commission pour chaque vente ou inscription réalisée par les utilisateurs de votre blog.

Vendre des articles de blog aux clients :

Il existe plusieurs méthodes pour vendre des articles de blog à des clients. Voici quelques conseils pour vous aider à démarrer :

1. **Identifiez vos clients cibles** : Ciblez des entreprises ou des individus qui pourraient être intéressés par vos articles de blog. Par exemple, si vous écrivez sur les tendances de la mode, ciblez les marques de mode.

2. **Créez un portfolio** : Préparez un échantillon de vos meilleurs articles de blog pour le montrer à vos clients potentiels. Assurez-vous que vos articles sont bien écrits, informatifs et pertinents pour leur entreprise ou leur marché.

3. **Utilisez les réseaux sociaux** : Utilisez les réseaux sociaux pour promouvoir vos articles de blog et atteindre de nouveaux clients. Partagez des extraits de vos articles, ajoutez des liens vers vos articles sur votre profil et engagez-vous avec les personnes intéressées par vos sujets.

4. **Proposez des forfaits** : Offrez des forfaits personnalisés à vos clients, en fonction de leurs besoins. Par exemple, vous pourriez proposer des forfaits de blog mensuels ou hebdomadaires, avec des options pour des articles supplémentaires ou des mises à jour de contenu.

En suivant ces conseils, vous devriez être en mesure de vendre vos articles de blog à des clients intéressés.

Créer un business de newsletter

Une lettre d'information, également connue sous le nom de bulletin d'information ou newsletter, est un outil de communication utilisé pour partager des informations avec une liste de destinataires. Ces lettres d'information peuvent inclure des actualités sur une entreprise ou une organisation, des mises à jour sur un produit ou un service, des conseils ou des astuces, des offres spéciales ou des événements à venir. Les lettres d'information peuvent être envoyées régulièrement, comme toutes les semaines ou tous les mois, ou occasionnellement, en fonction des besoins de l'expéditeur. Les lettres d'information peuvent être envoyées par courrier électronique ou par courrier postal et peuvent être créées et gérées à l'aide de logiciels de gestion de contacts et de campagnes d'email marketing.

Il est possible de gagner de l'argent avec un business de lettres d'information en utilisant différentes stratégies de marketing. Voici quelques exemples :

1. **Publicité ciblée** : Les entreprises peuvent payer pour placer des annonces dans les lettres d'information. Les annonceurs peuvent cibler les annonces en fonction de la base de données d'abonnés, ce qui permet de toucher des personnes qui sont intéressées par leur produit ou service.

2. **Affiliation** : Les propriétaires de lettres d'information peuvent gagner de l'argent en recommandant des produits ou services à leurs abonnés et en recevant une commission pour les ventes générées grâce à leurs liens d'affiliation.

3. **Abonnements payants** : Les propriétaires de lettres d'information peuvent également proposer des abonnements payants pour accéder à des contenus exclusifs ou à des fonctionnalités supplémentaires.

Il est important de noter que pour réussir avec un business de lettres d'information, il est nécessaire de construire une base de données d'abonnés de qualité et de fournir des contenus pertinents et de qualité pour maintenir l'intérêt des abonnés.

L'intelligence artificielle (IA) peut accomplir un certain nombre de tâches qui, autrefois, nécessitaient l'intervention humaine dans un business de newsletter. Voici quelques exemples de la façon dont l'IA peut remplacer les tâches humaines :

1. **Segmentation de la liste d'abonnés** : L'IA peut utiliser des algorithmes pour analyser les données des abonnés et les segmenter en groupes en fonction de leurs intérêts, de leur historique d'achat et de leur comportement de clic. Cela permet de cibler les campagnes de marketing plus efficacement.

2. **Personnalisation du contenu** : L'IA peut utiliser les données des abonnés pour personnaliser les contenus et les offres dans les lettres d'information. Cela permet d'améliorer l'expérience utilisateur et d'augmenter les taux de conversion.

3. **Optimisation des horaires d'envoi** : L'IA peut utiliser des algorithmes pour analyser les données de performance des campagnes précédentes et optimiser les horaires d'envoi pour maximiser les ouvertures et les clics.

En utilisant l'IA, les entreprises peuvent automatiser ces tâches et libérer du temps pour les employés pour se concentrer sur des tâches plus stratégiques et créatives, tout en améliorant l'efficacité et la performance de leurs campagnes de newsletter.

Lancer un business de newsletter avec ChatGPT peut être un moyen efficace de communiquer avec les clients et de promouvoir des produits ou des services. Voici quelques étapes pour mettre en place un business de newsletter avec ChatGPT:

1. **Définissez vos objectifs** : Déterminez ce que vous voulez accomplir avec votre newsletter (par exemple, augmenter les ventes, générer des leads, améliorer la notoriété de la marque).

2. **Créez une liste d'abonnés** : Commencez à construire votre liste d'abonnés en utilisant des formulaires d'inscription sur votre site web, des appels à l'action sur les réseaux sociaux et en demandant aux clients actuels de s'inscrire.

3. **Définissez le contenu de votre newsletter** : Déterminez les thèmes et les sujets que vous allez couvrir dans votre newsletter et créez un calendrier éditorial.

4. **Utilisez ChatGPT pour générer automatiquement le contenu** : Utilisez les capacités de génération de contenu de ChatGPT pour créer automatiquement des articles de blog, des conseils et des offres spéciales pour votre newsletter.

5. **Envoyez votre newsletter** : Utilisez un outil d'envoi d'email pour diffuser votre newsletter à votre liste d'abonnés.

6. **Mesurez les résultats** : Utilisez des outils d'analyse pour suivre les performances de votre newsletter (taux d'ouverture, taux de clic, taux de conversion) et ajustez votre stratégie en conséquence.

En utilisant ChatGPT pour générer automatiquement le contenu de votre newsletter, vous pouvez économiser du temps et de l'argent tout en améliorant la qualité de votre contenu. En suivant ces étapes, vous pouvez mettre en place un business de newsletter efficace qui vous aidera à atteindre vos objectifs commerciaux.

Créer un logiciel de réponses aux emails

Un business de réponse automatique par courrier électronique est une entreprise qui utilise des logiciels basés sur l'intelligence artificielle pour automatiser les réponses aux courriers électroniques entrant. Les logiciels de réponse automatique peuvent être utilisés pour répondre aux courriers électroniques de manière automatique, en fonction des règles prédéfinies ou des scénarios de réponse prédéfinis. Cela permet aux entreprises de répondre rapidement et efficacement aux courriers électroniques, même lorsque les employés sont absents ou occupés.

Les logiciels de réponse automatique peuvent être utilisés pour un certain nombre de scénarios différents. Par exemple, les entreprises peuvent utiliser des réponses automatiques pour accueillir les nouveaux clients, répondre aux demandes de renseignements courantes, envoyer des confirmations de commande ou des accusés de réception, et pour transmettre des informations de suivi de commande.

En utilisant un logiciel de réponse automatique, les entreprises peuvent améliorer la satisfaction client, augmenter l'efficacité et réduire les coûts en automatisant les tâches répétitives. Cependant, il est important de noter que les réponses automatiques ne peuvent pas remplacer complètement l'interaction humaine et doivent être utilisées en conjonction avec des employés formés pour gérer les situations plus complexes.

Pourquoi l'intelligence artificielle va-t-elle simplifier la réponse automatique aux courriers électroniques ?

L'intelligence artificielle (IA) est en train de changer la donne en matière de réponse automatique aux courriers électroniques en permettant une automatisation plus efficace, une personnalisation plus poussée et une analyse plus fine des données. Les algorithmes d'IA peuvent analyser les courriers électroniques entrant et utiliser ces informations pour créer des réponses automatiques sur mesure qui répondent aux besoins et aux intérêts des clients.

Par exemple, les logiciels basés sur l'IA peuvent utiliser des techniques de traitement automatique du langage naturel pour comprendre les demandes des clients et les diriger vers les informations appropriées ou les bonnes personnes. Cela permet de réduire les erreurs et d'augmenter l'efficacité dans la gestion des demandes de support client.

De plus, les algorithmes d'IA peuvent également utiliser les données des clients pour personnaliser les réponses automatiques, en fonction de leur historique d'achat, de leur comportement de clic, de leurs intérêts. Cela permet d'améliorer l'expérience client et d'augmenter les taux de conversion.

Enfin, les algorithmes d'IA peuvent également utiliser les données de performance des campagnes de réponse automatique pour fournir des insights et des suggestions pour l'optimisation future. Cela permet aux entreprises de mieux comprendre leur audience et de s'adapter aux besoins changeants de leurs clients.

En somme, l'IA va simplifier les business de réponse automatique aux mails en permettant une automatisation plus efficace, une personnalisation plus poussée et une analyse des données plus fine, ce qui va améliorer l'expérience client et augmenter les taux de conversion.

Comment créer un business de réponse automatique aux courriers électroniques ?

Voici quelques étapes pour créer un business de réponse automatique aux courriers électroniques en engageant un développeur web pour créer le logiciel :

1. **Définissez votre marché cible** : Déterminez quelles industries ou entreprises pourraient bénéficier de votre service de réponse automatique.

2. **Trouvez un développeur web qualifié** : Recherchez un développeur web expérimenté et qualifié qui possède les compétences techniques nécessaires pour créer un logiciel de réponse automatique, comme la programmation de l'IA et le traitement automatique du langage naturel.

3. **Définissez les spécifications du logiciel** : En collaboration avec le développeur web, définissez les fonctionnalités et les spécifications du logiciel de réponse automatique, en fonction des besoins de votre marché cible.

4. **Lancez votre entreprise** : Créez une entreprise légalement enregistrée et obtenez les permis et les licences nécessaires.

5. **Obtenez des financements** : Obtenez les fonds nécessaires pour financer le développement du logiciel.

6. **Testez et validez le logiciel** : Effectuez des tests et des validations pour vous assurer que le logiciel fonctionne correctement et répond aux besoins de votre marché cible.

7. **Commercialisez votre service** : Utilisez des outils de marketing pour promouvoir votre service auprès de votre marché cible.

8. **Continuez à améliorer votre service** : Utilisez les retours de vos clients pour continuer à améliorer votre service.

Il existe deux solutions principales lorsqu'on possède un logiciel : utiliser le logiciel pour gagner de l'argent ou revendre le logiciel lorsqu'il a du succès.

La première solution consiste à utiliser le logiciel pour générer des revenus. Cela peut se faire en proposant des services payants liés au logiciel, en utilisant le logiciel pour améliorer les processus de l'entreprise ou en vendant des licences d'utilisation du logiciel. Cette solution permet de générer des revenus récurrents sur une longue période, en fonction de la popularité et de l'utilité du logiciel.

La seconde solution consiste à revendre le logiciel lorsqu'il a du succès. Cela peut être fait en vendant le logiciel à une entreprise ou une organisation qui est intéressée par son utilisation, ou en cédant les droits de propriété du logiciel à une autre entreprise qui souhaite continuer à le développer et à le commercialiser. Cette solution peut générer rapidement une somme d'argent.

Il est possible de combiner les deux solutions en utilisant le logiciel pour générer des revenus pendant un certain temps, puis de le revendre lorsqu'il a atteint une certaine popularité. Il est important de noter que les deux solutions ont leur propres avantages et inconvénients, et il est important de les évaluer soigneusement avant de choisir la meilleure stratégie pour votre entreprise.

Bien évidemment, cette technique fonctionne avec tous les types de logiciels.

Il existe de nombreux exemples de personnes qui ont réussi à revendre des logiciels qu'elles n'ont pas développées elles-mêmes, mais qui ont été créées par des développeurs web. Voici un exemple d'une telle histoire :

Ryan Hoover a lancé Product Hunt, un site web qui permettait aux utilisateurs de découvrir de nouveaux produits de technologie chaque jour. Il a commencé à travailler sur le site web en tant que projet personnel, mais il a rapidement réalisé qu'il pourrait être utile à d'autres personnes. Il a donc décidé de le publier en ligne pour permettre aux utilisateurs de découvrir à leur tour de nouveaux produits et d'en discuter entre eux.

Au fil du temps, Product Hunt a commencé à attirer l'attention des médias et des utilisateurs, et il a fini par avoir des milliers d'utilisateurs actifs chaque jour. En 2016, Ryan a vendu Product Hunt pour 20 millions de dollars à AngelList, une entreprise de capital-risque en ligne. Cette vente lui a permis de financer ses projets futurs et de continuer à développer sa communauté.

Il est important de noter que cette histoire montre comment une personne qui a réussi à identifier un besoin sur le marché et à créer une communauté autour d'un produit développé par un développeur web, peut ensuite le revendre avec succès. Cela démontre qu'il est possible de créer un business à partir d'un produit existant et de le revendre pour un prix considérable en étant en capacité de le faire évoluer et de le commercialiser efficacement.

Un outil de génération automatique de lettres de motivation pour les demandeurs d'emploi

Un outil de génération automatique de lettres de motivation pour les demandeurs d'emploi est un logiciel ou une application qui vise à faciliter la création de lettres de motivation efficaces pour les postulants à un emploi. Il utilise des modèles de lettres de motivation prédéfinis et des informations d'entrée fournies par l'utilisateur, comme son expérience professionnelle et ses compétences, pour générer automatiquement une lettre de motivation personnalisée pour un poste spécifique. Cet outil offre un moyen rapide et efficace pour les demandeurs d'emploi de se présenter aux employeurs potentiels de manière professionnelle et convaincante, en mettant en valeur leurs expériences et compétences les plus pertinentes pour le poste visé.

L'intelligence artificielle (IA) est un domaine en croissance qui utilise des techniques informatiques pour simuler l'intelligence humaine. Elle est de plus en plus utilisée pour améliorer la qualité de la rédaction de lettres de motivation et de demandes d'emploi.

Grâce à l'IA, un outil de génération automatique de lettres de motivation peut analyser les offres d'emploi et utiliser des modèles de lettres de motivation prédéfinis pour créer des lettres de motivation personnalisées pour chaque poste. Il peut également utiliser les informations fournies par l'utilisateur, comme son expérience professionnelle et ses compétences, pour inclure les informations les plus pertinentes pour le poste visé. En utilisant des algorithmes avancés, l'IA peut également identifier les mots clés importants dans l'offre d'emploi et les inclure dans la lettre de motivation pour montrer que l'utilisateur est qualifié pour le poste.

De plus, l'IA peut être utilisée pour écrire des lettres de motivation dans différentes langues, ce qui peut être utile pour les demandeurs d'emploi qui souhaitent postuler à des offres d'emplois à l'étranger.

Pour créer un outil de génération automatique de lettres de motivation pour les demandeurs d'emploi avec ChatGPT, voici les étapes à suivre:

1. Entraînez un modèle de ChatGPT sur un grand corpus de lettres de motivation existantes pour lui donner une compétence dans la rédaction de ces lettres.

2. Créez un script ou une application qui permet à l'utilisateur de saisir des informations relatives à son expérience professionnelle, ses compétences et ses objectifs de carrière.

3. Utilisez les informations saisies pour alimenter le modèle entraîné et générer une lettre de motivation personnalisée pour l'utilisateur.

4. Testez et améliorez l'outil en continu pour s'assurer qu'il produit des lettres de motivation de qualité.

Il est important de noter que pour créer un outil efficace, vous devrez utiliser un grand corpus de lettres de motivation de qualité et continuer à améliorer et à tester votre modèle pour s'assurer qu'il est précis et efficace.

Logiciel ou application mobile de génération automatique de lettres de motivation que choisir ?

Voici quelques avantages et inconvénients de créer un outil de génération automatique de lettres de motivation avec ChatGPT sous forme de logiciel ou d'application mobile :

Avantages d'un logiciel :

- Il peut être utilisé sur plusieurs ordinateurs, ce qui permet à plusieurs personnes de l'utiliser simultanément.

- Il peut être installé sur des ordinateurs de bureau, ce qui permet un accès facile à des fonctionnalités avancées.

Avantages d'une application mobile :

- Elle peut être utilisée n'importe où et à tout moment, car elle est accessible via un smartphone ou une tablette.

- Elle peut être utilisée par des personnes qui n'ont pas accès à un ordinateur de bureau.

Inconvénients d'un logiciel :

- Il nécessite l'installation sur un ordinateur, ce qui peut être un obstacle pour certains utilisateurs.

- Il peut prendre de la place sur le disque dur de l'ordinateur.

Inconvénients d'une application mobile :

- Elle nécessite une connexion internet pour fonctionner, ce qui peut être un problème pour certaines personnes.

- Elle est limitée par les fonctionnalités et les performances de l'appareil mobile utilisé.

Il faut noter que les avantages et les inconvénients dépendent de l'utilisateur final et de son environnement de travail et il est important de prendre en compte ces facteurs pour choisir la solution la plus adaptée pour votre outil de génération automatique de lettres de motivation.

Création d'un outil de génération automatique de contenu pour les jeux vidéo

Si vous rêvez de devenir le prochain George R.R. Martin du monde des jeux vidéo, alors devenir scénariste de jeux vidéo est un parfait choix pour vous ! Imaginez-vous en train d'écrire des histoires épiques pour des héros virtuels, des dialogues hilarants pour des personnages de jeux, et des fins émouvantes qui vont faire pleurer les joueurs. Vous pourriez être celui qui décide si le héros sauve ou détruit le monde, ou encore si le méchant est vraiment méchant ou s'il a une histoire tragique qui explique son comportement.

Et si vous pensez que les scénaristes de jeux passent leur journée à jouer à des jeux vidéo, vous vous trompez ! En tant que scénariste, vous pourriez passer des heures à écrire sur un ordinateur, à corriger des dialogues, à peaufiner des histoires sauf en utilisant l'intelligence artificielle.

Les histoires de jeux vidéo sont créées par des écrivains de jeux, également appelés scénaristes de jeux. Les scénaristes de jeux sont responsables de la création de l'intrigue, des personnages, des dialogues et de la narration des jeux vidéo. Ils travaillent en étroite collaboration avec les concepteurs de jeux, les artistes visuels et les compositeurs de musique pour créer une expérience de jeu immersive et cohérente.

Les scénaristes de jeux peuvent utiliser différentes techniques d'écriture pour créer des histoires de jeux, comme la narration à la troisième personne, la narration à la première personne, les choix et conséquences, les cinématiques, les dialogues en temps réel, etc. Ils peuvent également utiliser des outils de développement de jeux pour intégrer leur histoire dans le jeu.

Les scénaristes de jeux peuvent avoir des backgrounds différents, certains sont des écrivains professionnels, d'autres des journalistes, des cinéastes, des scénaristes de télévision, des dramaturges, des auteurs de romans, etc. Ils ont généralement une passion pour les jeux vidéo et une forte capacité d'écriture.

Il est maintenant possible de soi-même proposer des scénarios pour des jeux vidéo grâce à l'utilisation de l'IA.

Les outils d'IA tels que ChatGPT permettent aux scénaristes amateurs de générer automatiquement des histoires et des dialogues pour leurs jeux vidéo. Ces outils peuvent être utilisés pour créer des histoires originales ou pour compléter des histoires existantes. De plus, ces outils d'IA permettent aux scénaristes de gagner du temps en automatisant certaines tâches, comme la génération de dialogues, et de se concentrer sur les aspects créatifs de leur métier.

En résumé, l'IA est devenue un outil important pour les scénaristes de jeux vidéo, permettant de gagner du temps et d'améliorer les histoires de jeux.

En utilisant ChatGPT pour rédiger des scénarios de jeux vidéo, vous pourriez avoir un avantage sur vos concurrents. Voici quelques raisons pour lesquelles cela pourrait être le cas :

- **Rapidité et efficacité** : ChatGPT est capable de générer des histoires et des dialogues de manière rapide et efficace, ce qui vous permettra de gagner du temps et de vous concentrer sur les aspects créatifs de votre travail.

- **Originalité** : ChatGPT est capable de générer des histoires originales et uniques, ce qui vous permettra de proposer des scénarios qui sortent de l'ordinaire et qui peuvent attirer l'attention des éditeurs de jeux vidéo.

- **Amélioration des personnages, des mondes et des mécanismes de jeu** : ChatGPT est capable d'améliorer les personnages, les mondes et les mécanismes de jeu pour créer une expérience de jeu sensationnelle et plus intéressante, ce qui peut être un atout pour se démarquer des autres scénarios de jeux vidéo.

- **Capacité à tester des idées plus rapidement et de les améliorer plus facilement** : ChatGPT permet de tester des idées plus rapidement et de les améliorer plus facilement, ce qui peut vous donner un avantage dans la création de scénarios de jeux vidéo.

Il est important de noter que l'utilisation de ChatGPT ne garantit pas automatiquement le succès, il est important de continuer à améliorer et à tester votre modèle pour s'assurer qu'il est précis et efficace, et de maintenir une révision humaine pour éviter les erreurs et pour s'assurer que les histoires sont cohérentes et immersives pour les joueurs.

Voici un exemple d'étape par étape pour créer un business de création d'un outil de génération automatique de contenu pour les jeux vidéo :

1. **Recherche de marché** : Découvrez les besoins des développeurs de jeux vidéo et les tendances du marché en matière de contenu de jeux vidéo.

2. **Élaboration d'un plan d'affaires** : Déterminez les coûts, les revenus potentiels et les risques liés à la création d'un outil de génération automatique de contenu pour les jeux vidéo.

3. **Développement de l'outil** : Utilisez des outils d'IA tels que ChatGPT pour développer l'outil de génération automatique de contenu pour les jeux vidéo. Assurez-vous de tester et d'affiner continuellement l'outil pour s'assurer qu'il est fiable et efficace.

4. **Lancement du produit** : Faites la promotion de votre outil auprès des développeurs de jeux vidéo et des éditeurs de jeux en leur montrant les avantages de l'utilisation de votre outil pour créer des histoires et des dialogues pour leurs jeux vidéo.

5. **Suivi et amélioration** : Suivez les retours des utilisateurs et continuez à améliorer l'outil en fonction de leurs besoins pour maintenir sa pertinence sur le marché.

Il est important de noter qu'il peut y avoir des étapes supplémentaires ou des nuances à prendre en compte pour créer un business réussi dans ce domaine. Il est important de bien comprendre les besoins de la clientèle cible, de continuer à améliorer et à tester le modèle pour s'assurer qu'il est précis et efficace, et de bien se faire connaître pour attirer les clients.

Où vendre des scénarios pour les jeux vidéo ?

Il existe plusieurs options pour vendre des scénarios pour les jeux vidéo :
1. **Éditeurs de jeux vidéo** : Les éditeurs de jeux vidéo sont les principaux acheteurs de scénarios pour les jeux vidéo. Vous pouvez contacter directement les éditeurs pour leur proposer vos scénarios.

2. **Plateformes de vente de scripts** : Il existe des plateformes en ligne, comme Stage32, qui permettent aux scénaristes de vendre leurs scripts pour les jeux vidéo.

3. **Concours de scénarios** : Il existe des concours de scénarios pour les jeux vidéo, organisés par des éditeurs de jeux vidéo ou des organisations de développeurs de jeux vidéo, où vous pouvez soumettre vos scénarios pour des prix ou des contrats de développement.

4. **Studios indépendants** : Il existe également des studios indépendants qui cherchent à acheter des scénarios pour des projets de jeux

vidéo. Il est possible de les trouver via les réseaux sociaux, les forums de développeurs de jeux vidéo, ou les plateformes de financement participatif.

5. **Agences de représentation** : Il existe des agences de représentation qui peuvent vous aider à vendre vos scénarios pour les jeux vidéo en négociant avec les éditeurs et les studios pour vous.

Création d'un outil de génération automatique de résumés pour les articles scientifiques.

De nos jours, la recherche scientifique est de plus en plus accessible pour le grand public grâce à l'avancée des technologies et l'accès à internet. Cependant, lire un article scientifique complet peut être complexe et fastidieux pour certaines personnes. Il est donc compréhensible que de plus en plus de personnes préfèrent la simplicité de lire des résumés d'articles scientifiques.

Les résumés d'articles scientifiques permettent aux lecteurs de comprendre rapidement les principaux résultats et les conclusions d'une étude scientifique sans avoir à lire l'intégralité de l'article. Cela est particulièrement utile pour les personnes qui cherchent à acquérir rapidement une connaissance de base sur un sujet, ou pour les personnes qui n'ont pas le temps ou les compétences pour comprendre les détails techniques d'un article scientifique.

En outre, les résumés d'articles scientifiques peuvent également être utiles pour les personnes qui cherchent à apprendre sur un sujet spécifique, mais qui ne disposent pas des connaissances scientifiques ou techniques nécessaires pour comprendre l'article complet.

Il est également important de noter que les résumés d'articles scientifiques peuvent aussi être utilisés pour identifier les articles les plus pertinents pour une recherche spécifique, ou pour identifier les tendances dans un domaine de recherche particulier.

En résumé, la simplicité de lire des résumés d'articles scientifiques est de plus en plus prisée par les lecteurs, car ils permettent de comprendre rapidement les principaux résultats et les conclusions d'une étude scientifique.

Il y a eu une croissance significative de la recherche de résumés d'articles scientifiques ces dernières années. Les chiffres montrent que les recherches de résumés d'articles scientifiques ont augmenté de manière considérable ces dernières années, avec une croissance moyenne de plus de 20% par an, ce qui montre l'intérêt grandissant pour la simplicité de lire des résumés d'articles scientifiques.

Avec l'aide de l'intelligence artificielle, notamment ChatGPT, il est possible de se démarquer de la concurrence et de se lancer dans un business de résumés d'articles scientifiques de manière simple et efficace.

En utilisant ChatGPT pour générer des résumés d'articles scientifiques, vous pouvez offrir des services de qualité professionnelle à vos clients, tout en économisant beaucoup de temps et d'efforts par rapport à une méthode de résumé manuel. Cela vous permet de vous concentrer sur la vente et la promotion de vos services, et de vous démarquer de la concurrence en offrant des services plus rapides et de meilleure qualité.

De plus, l'utilisation de l'IA permet également de personnaliser les résumés en fonction des besoins spécifiques de vos clients, en utilisant des paramètres tels que la longueur et le niveau de détail. Cela vous permet de répondre aux besoins de différents types de clients et de vous démarquer de la concurrence en offrant des services adaptés à leurs besoins.

En résumé, l'utilisation de l'intelligence artificielle, notamment ChatGPT, pour générer des résumés d'articles scientifiques vous permet de vous démarquer de la concurrence en offrant des services de qualité professionnelle, personnalisés et accessibles à une audience internationale, tout en économisant beaucoup de temps et d'efforts pour vous lancer dans un business de résumés d'articles scientifiques.

Voici une méthode simple pour créer un business de génération automatique de résumés d'articles scientifiques avec ChatGPT:

1. **Utilisez ChatGPT** : ChatGPT est un modèle de traitement du langage naturel développé par OpenAI qui peut être utilisé pour générer automatiquement des résumés à partir de

textes. Il peut être utilisé via une API pour intégrer la fonctionnalité de génération de résumés dans une application ou un site web.

2. **Choisissez un domaine de recherche spécifique** : Il est important de choisir un domaine de recherche spécifique, comme la biologie ou la physique, pour cibler un marché spécifique et entraîner ChatGPT sur des données d'entraînement spécifiques.

3. **Créez un site web ou une application** : Il est nécessaire de créer un site web ou une application pour que les utilisateurs puissent soumettre des articles scientifiques et obtenir des résumés automatiques générés par ChatGPT.

4. **Monétisez le service** : Il existe plusieurs façons de monétiser le service, comme la vente de résumés à des revues scientifiques ou la facturation des utilisateurs pour l'utilisation de l'application.

- **Promouvez le service** : Il est important de promouvoir le service pour attirer les utilisateurs et les clients potentiels. Il est possible de promouvoir le service sur les réseaux sociaux, les forums scientifiques, et les annuaires d'entreprises.

Service de réponse automatique pour les sites de rencontres

Les sites de rencontre, c'est comme jouer à un jeu de Tetris avec des mots. Parfois tu trouves la bonne combinaison et ça déclenche une conversation enflammée, mais la plupart du temps c'est juste des phrases qui s'entrechoquent sans aucun sens. Et quand tu trouves enfin un match, c'est comme si tu avais réussi à atteindre le niveau supérieur : tu es à deux doigts de l'échec et tu dois éviter tous les obstacles pour ne pas tout perdre"

Il est vrai que l'amour sur les sites de rencontre risque de devenir moins authentique avec l'utilisation de l'intelligence artificielle pour répondre aux messages à la place des humains. Cependant, il y a une opportunité économique considérable pour les entreprises qui peuvent offrir un service de réponse automatique efficace sur les sites de rencontre. Les utilisateurs pourraient utiliser ces services pour économiser du temps et améliorer leurs chances de réussir sur les plateformes de rencontres en ligne. Les entreprises pourraient monétiser ce service en proposant des abonnements ou en facturant pour des réponses supplémentaires.

Aujourd'hui, les sites de rencontre occupent une grande part de marché dans l'industrie des rencontres en ligne. Les gens se tournent de plus en plus vers ces plateformes pour trouver des partenaires potentiels, que ce soit pour des relations sérieuses ou des rencontres occasionnelles. Cependant, il peut être difficile pour les utilisateurs de se démarquer sur ces sites et de susciter l'intérêt de leurs matchs potentiels. C'est là qu'un business basé sur l'intelligence artificielle qui aide les utilisateurs à améliorer leurs réponses aux messages sur les sites de rencontre peut être très intéressant.

ChatGPT est connu pour sa capacité à comprendre et à utiliser le langage de manière fluide et naturelle, ce qui en fait un outil idéal pour les sites de rencontres. Il peut aider les utilisateurs à améliorer leurs réponses aux messages en générant des réponses plus pertinentes et plus engageantes.

En utilisant ce dernier pour analyser les messages des utilisateurs et les préférences des matches potentiels, il peut générer des réponses personnalisées qui sont plus susceptibles de susciter l'intérêt de la personne avec qui l'on communique.

Voici une méthode simple pour lancer un business de réponse automatique pour les sites de rencontres avec ChatGPT :

1. **Utilisez ChatGPT** : Téléchargez l'API de ChatGPT et intégrez-la dans votre application ou site web. Cela permettra de générer automatiquement des réponses à partir des messages des utilisateurs sur les sites de rencontres.

2. **Créez un site web ou une application** : Il est nécessaire de créer un site web ou une application pour que les utilisateurs puissent soumettre des messages et obtenir des réponses automatiques générées par ChatGPT.

3. **Monétisez le service** : Il existe plusieurs façons de monétiser le service, comme la vente de réponses à des utilisateurs ou la facturation des utilisateurs pour l'utilisation de l'application.

4. **Promouvez le service** : Il est important de promouvoir le service pour attirer les utilisateurs et les clients potentiels. Il est possible de promouvoir le service sur les réseaux sociaux, les forums de rencontres, et les annuaires d'entreprises.

5. **Entraînez ChatGPT** : Il est important de continuer à entraîner ChatGPT en lui fournissant des exemples de messages de rencontres pour améliorer ses capacités de compréhension et de réponse.

L'intelligence artificielle (IA) est un domaine en constante évolution qui offre de nombreuses opportunités pour les entreprises. Elle peut être utilisée pour automatiser de nombreuses tâches et améliorer les processus commerciaux dans divers domaines. Bien que l'utilisation de l'IA pour les réponses automatiques sur les sites de rencontre soit une idée intéressante, il existe de nombreux autres domaines dans lesquels elle peut être utilisée pour améliorer les affaires.

Par exemple, l'IA peut être utilisée pour automatiser la réception et l'envoi de SMS pour les entreprises, ce qui peut améliorer la communication avec les clients et augmenter la productivité. Il peut également être utilisé pour répondre aux SMS personnels

Elle peut également être utilisée pour répondre automatiquement aux messages personnels sur les réseaux sociaux, cela permettra aux entreprises de répondre rapidement à leurs clients et de leur fournir une assistance efficace.

En somme, l'IA est un domaine très vaste qui offre de nombreuses opportunités pour les entreprises. Il existe de nombreux autres domaines dans lesquels elle peut être utilisée pour améliorer les affaires, il ne s'agit là que d'une idée parmi tant d'autres.

Créer un traducteur qui utilise l'intelligence artificielle

Les traducteurs en ligne sont très populaires, car ils offrent une solution pratique et rapide pour traduire des textes dans différentes langues. Ils sont accessibles à tous, à tout moment, via un ordinateur ou un appareil mobile connecté à internet. Les traducteurs en ligne sont également souvent gratuits ou peu coûteux, ce qui en fait une option abordable pour les individus et les entreprises. Ils permettent aussi de traduire des documents dans des langues rares sans avoir besoin de recourir à des traducteurs professionnels.

Les traducteurs sont utilisés dans de nombreux contextes différents pour aider les gens à communiquer avec des personnes parlant d'autres langues. Voici quelques cas d'utilisation courants pour les traducteurs:

1. **Voyages** : Les voyageurs peuvent utiliser des traducteurs pour communiquer avec les habitants locaux et obtenir des informations sur les lieux à visiter, les restaurants, les hôtels, etc.

2. **Études** : Les étudiants peuvent utiliser des traducteurs pour comprendre les textes écrits dans d'autres langues, pour préparer des exposés ou des travaux de recherche.

3. **Affaires** : Les entreprises peuvent utiliser des traducteurs pour communiquer avec les clients et les partenaires commerciaux étrangers, pour traduire les documents commerciaux, les contrats, les sites web, les brochures, etc.

4. **Médias** : Les journalistes, les réalisateurs et les producteurs peuvent utiliser des traducteurs pour traduire les scripts et les sous-titres pour les films, les émissions de télévision et les documentaires.

5. **Médicine** : Les médecins et les infirmières peuvent utiliser des traducteurs pour communiquer avec les patients qui ne parlent pas la même langue, pour comprendre les instructions de médicaments et pour donner des informations sur les soins.

6. **Diplomatie** : Les diplomates peuvent utiliser des traducteurs pour communiquer avec les représentants d'autres pays, pour traduire les accords et les traités internationaux.

Pourquoi les traducteurs qui utilisent l'intelligence artificielle surpassent-ils les traducteurs classiques ?

Les traducteurs basés sur l'intelligence artificielle ont révolutionné le monde de la traduction en offrant des résultats de traduction plus précis et plus fluides que les traducteurs en ligne classiques. Les traducteurs IA utilisent des techniques d'apprentissage automatique pour comprendre le contexte et la structure de la langue d'origine, ce qui permet une meilleure traduction des textes, des expressions idiomatiques et des nuances culturelles. En outre, les traducteurs IA peuvent s'adapter et s'améliorer au fil du temps en apprenant de nouvelles phrases et expressions.

En revanche, les traducteurs en ligne classiques utilisent généralement des bases de données de phrases pré-traduites, ce qui peut entraîner des traductions imprécises ou peu fiables. De plus, ils ont des difficultés à traduire des phrases complexes ou des expressions idiomatiques.

Il y a plusieurs raisons pour lesquelles il pourrait être avantageux de lancer un business basé sur les traducteurs utilisant l'intelligence artificielle :

- La demande de traduction automatisée est en croissance en raison de la mondialisation croissante et de l'augmentation de la communication multilingue.

- Les traducteurs utilisant l'IA peuvent traduire rapidement et efficacement de grandes quantités de textes, ce qui est particulièrement utile pour les entreprises qui ont besoin de traduire de nombreux documents ou pour les sites web qui ont un trafic élevé.

- Il existe également une opportunité de se démarquer de la concurrence en proposant des services de traduction automatisée plus avancés, tels que la traduction automatique adaptée à un domaine spécifique ou la traduction automatique bidirectionnelle.

Il y a encore peu d'entreprises ou de traducteurs indépendants qui utilisent l'intelligence artificielle dans leur travail. Cependant, cette technologie devient de plus en plus populaire et pourrait offrir de nombreux avantages en termes de rapidité et de précision. Il peut donc être avantageux pour les traducteurs de se familiariser avec l'IA et de l'utiliser dans leur travail dès maintenant pour se démarquer de la concurrence.

Voici les étapes à suivre pour lancer un traducteur qui utilise l'intelligence artificielle :

1. **Recherche et développement** : Il est important de comprendre les différents types d'IA et de machine learning qui sont utilisés pour la traduction automatique, ainsi que les avantages et les limites de chaque méthode.

2. **Choisir une solution d'IA** : Il existe de nombreux outils et services d'IA qui peuvent être utilisés pour la traduction automatique. Il est important de choisir un outil qui convient à vos besoins et à votre budget.

3. **Préparation des données** : Pour entraîner un modèle d'IA, il est nécessaire de disposer de grandes quantités de données de traduction de qualité. Il est possible de rassembler ces données en achetant des jeux de données existants ou en créant des jeux de données à partir de documents traduits par des traducteurs humains.

4. **Entraînement du modèle** : Une fois les données prêtes, il est temps d'entraîner le modèle d'IA. Cela peut prendre beaucoup de temps et de ressources informatiques, mais c'est une étape cruciale pour obtenir des résultats précis.

5. **Mise en place de la solution** : Une fois le modèle d'IA entraîné, il est temps de mettre en place la solution. Cela peut inclure la création d'un site web ou d'une application de traduction automatique, ou l'intégration de l'IA dans un outil de traduction existant.

6. **Promouvoir et commercialiser le service** : Il est important de promouvoir et de commercialiser efficacement le service pour attirer des clients potentiels. Cela peut inclure la création de contenu de marketing, la participation à des salons professionnels, et la création de partenariats avec d'autres entreprises ou traducteurs indépendants.

Une agence de copywriting

Une agence de copywriting est une entreprise spécialisée dans la création de contenu écrit. Les copywriters travaillent en étroite collaboration avec les annonceurs, les agences de publicité, les entreprises et les marques pour créer des textes qui communiquent efficacement les messages de ces derniers.

Les copywriters sont chargés de rédiger des textes pour différents supports tels que les sites web, les annonces publicitaires, les brochures, les scripts de vidéos, les e-mails marketing, les réseaux sociaux, etc. Ils doivent être en mesure de comprendre les besoins de leurs clients et de traduire ces besoins en contenu clair, concis et percutant.

Les copywriters doivent également être des experts en rédaction publicitaire et en stratégie de contenu. Ils doivent savoir comment créer des textes qui non seulement communiquent efficacement les messages de leurs clients, mais qui aussi suscitent l'intérêt et l'engagement des publics cibles.

Les agences de copywriting sont des partenaires clés pour les entreprises qui souhaitent communiquer efficacement avec leur public cible, en créant des textes percutants et adaptés à leurs besoins.

Utiliser un modèle de traitement du langage naturel comme ChatGPT peut rendre le travail d'une agence de copywriting plus efficace et plus simple pour plusieurs raisons :

1. **La rapidité** : ChatGPT peut générer du contenu en quelques secondes, ce qui permet aux copywriters de gagner du temps et de se concentrer sur d'autres tâches telles que la révision, la mise en forme et la stratégie de contenu.

2. **La qualité** : ChatGPT a été entraîné sur des millions de documents, il est donc capable de générer du contenu de haute qualité, avec une grande précision et une grande pertinence pour les différents sujets et contextes.

3. **La scalabilité** : ChatGPT peut générer autant de contenu que nécessaire, ce qui permet aux agences de copywriting de répondre à des besoins importants en matière de contenu, même pour des campagnes à grande échelle.

4. **La flexibilité** : ChatGPT peut générer du contenu dans plusieurs langues et pour différents types de sujets, ce qui permet une grande flexibilité pour répondre à des besoins spécifiques.

Voici un exemple concret :

Imaginons qu'une agence de copywriting ait été mandatée pour écrire des descriptions de produits pour un site de e-commerce. Les copywriters passent des heures à rédiger des textes pour chaque produit, mais malgré tous leurs efforts, ils ne parviennent pas à terminer le travail dans les délais impartis.

En utilisant ChatGPT, l'agence aurait pu générer rapidement des milliers de descriptions de produits de qualité, dans un court laps de temps, permettant ainsi de respecter les délais et de satisfaire les besoins de leur client.

Voici les étapes générales pour mettre en place un business de copywriting avec ChatGPT :

1. Apprenez à utiliser ChatGPT en suivant les instructions de la documentation d'OpenAI.

2. Définissez les objectifs de votre entreprise de copywriting (par exemple, écrire des annonces publicitaires, des articles de blog, etc.).

3. Identifiez votre marché cible et étudiez les tendances de contenu pertinents pour ce marché.

4. Développez un plan de contenu pour votre entreprise, en utilisant ChatGPT pour générer des idées de sujets et des ébauches de contenu.

5. Utilisez ChatGPT pour écrire et perfectionner le contenu final.

6. Promouvoir votre entreprise de copywriting en utilisant les réseaux sociaux, les annonces en ligne, et d'autres moyens de marketing en ligne.

7. Continuer à suivre les tendances et à améliorer vos compétences en utilisant ChatGPT pour rester compétitif dans votre marché cible.

8. Prévoyez de faire des tests A/B pour vérifier l'efficacité de vos écrits.

9. Faites des suivis réguliers pour vous assurer de la satisfaction de vos clients et pour récolter des feedbacks pour améliorer vos écrits.

10. Trouvez des partenaires pour étendre votre marché et augmenter votre portefeuille client.

Utiliser l'intelligence artificielle pour analyser les crypto-monnaies

L'analyse du marché des crypto-monnaies peut être complexe, car il existe de nombreux facteurs à prendre en compte. Tout d'abord, il y a la volatilité des prix, qui peut changer rapidement et de manière imprévisible. Ensuite, il y a la question de la réglementation, qui varie d'un pays à l'autre et qui peut avoir un impact significatif sur les prix. Il y a également de nombreux acteurs sur le marché, notamment les investisseurs institutionnels et les traders individuels, chacun ayant des motivations et des stratégies différentes.

Pour analyser le marché, les investisseurs et les traders utilisent des outils tels que les graphiques de prix, les indicateurs techniques et les actualités financières pour identifier les tendances et les opportunités d'investissement. Cependant, il est important de noter que l'analyse du marché des crypto-monnaies n'est jamais une science exacte et il y a toujours un certain niveau de risque impliqué. Il est donc important de faire ses propres recherches, de comprendre les risques et de ne jamais investir plus d'argent que ce que l'on peut se permettre de perdre.

L'utilisation de l'intelligence artificielle pour l'analyse des crypto-monnaies pourrait apporter de nombreux avantages. Tout d'abord, l'IA peut traiter des grandes quantités de données en peu de temps, ce qui permet de suivre les tendances du marché en temps réel. Cela peut aider les investisseurs à prendre des décisions plus éclairées et à identifier les opportunités d'investissement qui pourraient autrement passer inaperçues.

En utilisant des techniques d'apprentissage automatique, l'IA peut également prédire les tendances à venir et les prix futurs des crypto-monnaies. Cela peut aider les investisseurs à prendre des décisions d'investissement plus informées et à éviter les risques potentiels.

Enfin, l'IA peut également être utilisée pour détecter les fraudes et les escroqueries potentielles sur le marché des crypto-monnaies. Cela peut aider à protéger les investisseurs contre les arnaques et les pertes financières.

En somme, l'intelligence artificielle pourrait apporter une aide précieuse pour l'analyse des crypto-monnaies en permettant une analyse plus rapide et plus précise des données, une automatisation des tâches fastidieuses et une prédiction des tendances à venir, ainsi qu'une détection des fraudes potentielles.

Voici une ébauche d'étape pour créer un outil d'analyse de crypto basé sur l'intelligence artificielle aujourd'hui:

1. **Recherche et développement** : Commencez par rechercher les différents types d'algorithmes d'IA et de techniques de traitement automatique du langage naturel qui peuvent être utilisés pour l'analyse de crypto-monnaies. Déterminez les méthodes les plus appropriées pour atteindre les objectifs de votre outil.

2. **Collecter et nettoyer les données** : Collectez les données sur les crypto-monnaies, les marchés financiers et d'autres données pertinentes. Nettoyez et préparez les données pour l'analyse en utilisant des techniques de traitement de données telles que la normalisation et l'encodage.

3. **Entraîner et tester les modèles** : Utilisez les données collectées pour entraîner et tester les modèles d'IA. Utilisez des techniques d'apprentissage automatique pour créer des modèles de prévision, de classification et de clustering. Testez les modèles pour s'assurer qu'ils fonctionnent de manière efficace et précise.

4. **Développer une interface utilisateur** : Développez une interface utilisateur conviviale qui permet aux utilisateurs de naviguer et d'interagir avec les données et les résultats produits par les modèles d'IA. Assurez-vous que l'interface soit facile à utiliser et à comprendre pour les utilisateurs non techniques.

5. **Mise en production** : Mettre en production l'outil d'analyse de crypto, tester et surveiller son utilisation pour s'assurer de son bon fonctionnement.

Se lancer dans l'intelligence artificielle aujourd'hui, c'est comme investir sur internet au début des années 2000 ou dans le Bitcoin en 2010. Ce marché en émergence offre une occasion unique pour les investisseurs et les entrepreneurs de se positionner en avant-garde d'une révolution technologique en constante évolution.

Tout comme pour internet et le Bitcoin, ceux qui s'engagent dès maintenant dans l'IA peuvent profiter de la croissance exponentielle du marché et de l'adoption de la technologie par les entreprises et les consommateurs. Les retours sur investissement peuvent être considérables pour ceux qui saisissent cette occasion à temps.

Nous avons précédemment présenté plusieurs idées de nouveaux business à lancer en utilisant ChatGPT. La plupart de ces opportunités d'affaires avec l'IA se situent dans des niches encore inexplorées, il est donc plus facile de se lancer et de prendre une grande part du marché dès maintenant.

Il peut être difficile de visualiser les étapes pour se lancer dans ce type de projet. C'est pourquoi nous avons fourni des vidéos détaillées sur certains des business les plus rentables avec l'IA pour que même les enfants de 5 ans puissent comprendre étape par étape comment lancer un business simple qui peut rapporter au MINIMUM 1000 euros par mois, et bien plus encore voici le [lien](#) :

https://1-ecomfrenchtouch.systeme.io/gpt-pro-8780be21?sa=sa007221074602d95cba278177ea83ca3a3cd048ca

Chapitre 5 :
IDÉES DE BUSINESS SIMPLES GRÂCE AU CHATBOTS

Vous avez déjà été bloqué au téléphone, en attente d'un service client pendant des heures ? Vous en avez marre de parler à des robots qui ne comprennent pas ce que vous dites ? Ne vous inquiétez pas, les Chatbots sont là pour vous sauver ! Imaginez un robot qui comprend tout ce que vous dites, qui répond rapidement et efficacement à toutes vos questions, et qui est toujours de bonne humeur ! C'est comme avoir un super ami virtuel qui est toujours là pour vous aider, mais qui ne vous envoie pas de textos à 3h du matin pour vous demander de lui ramener des chips. Les chatbots, c'est comme avoir un super pote qui est toujours là pour vous aider, sans les inconvénients des amis en chair et en os !

Un chatbot est un programme informatique conçu pour simuler une conversation avec des humains, généralement à travers une interface de messagerie ou un chat en ligne. Les chatbots peuvent être développés pour répondre aux questions des utilisateurs, exécuter des tâches spécifiques, fournir des informations ou effectuer des achats en ligne. Les chatbots peuvent être développés pour fonctionner sur différents canaux, comme les sites web, les applications mobiles, les messageries instantanées, les réseaux sociaux et les assistants virtuels.

Les chatbots peuvent être développés en utilisant différentes technologies, comme la reconnaissance de la parole, la compréhension du langage naturel, la logique floue et les réseaux de neurones. Les chatbots peuvent également être développés en utilisant des modèles pré-entraînés pour la compréhension du langage, tels que GPT-3.

Comment l'arrivée de GPT-3 peut améliorer les chatbots ?

GPT-3 est un modèle de traitement du langage naturel développé par OpenAI qui a révolutionné la manière dont les chatbots peuvent comprendre et répondre aux utilisateurs. Il s'agit d'un modèle d'IA pré-entraîné qui a été formé sur des milliards de phrases issues d'Internet, ce qui lui permet de comprendre le langage humain de manière plus naturelle.
Avec GPT-3, les chatbots peuvent comprendre les nuances de la langue, comme les sarcasmes, les sous-entendus et les expressions idiomatiques. Cela signifie qu'ils peuvent répondre de manière plus pertinente et contextuelle aux utilisateurs, plutôt que de suivre un script prédéfini.

En outre, GPT-3 peut être utilisé pour améliorer la compréhension des contextes et des intents, c'est-à-dire les buts et les intentions des utilisateurs. Cela permet aux chatbots de fournir des réponses plus personnalisées et adaptées aux besoins spécifiques des utilisateurs.

En utilisant GPT-3, les développeurs peuvent créer des chatbots plus intelligents et plus capables, qui peuvent comprendre et répondre de manière plus naturelle aux utilisateurs. Cela permet aux entreprises d'offrir des expériences utilisateur plus satisfaisantes, de réduire les coûts de support client et d'automatiser les processus commerciaux.

En résumé, l'arrivée de GPT-3 a considérablement amélioré les chatbots en les dotant d'une compréhension plus naturelle du langage humain, d'une capacité de génération de contenu plus fluide et de capacités de compréhension des contextes et des intents plus avancées. Cela permet aux entreprises de fournir une expérience utilisateur plus satisfaisante et de réduire les coûts en automatisant les processus commerciaux.

Voilà plusieurs idées de business à réaliser avec un chatbot :

Un chatbot pour aider les clients à planifier leurs voyages et à réserver des vols, des hôtels et des activités.

Il est souvent difficile de planifier un voyage, surtout lorsque vous devez réserver des vols, des hôtels et des activités en même temps. Il y a beaucoup de détails à prendre en compte, comme les horaires de vol, la disponibilité des chambres d'hôtel et les activités qui conviennent le mieux à vos intérêts. La planification d'un voyage peut prendre beaucoup de temps et d'efforts si vous voulez trouver les meilleures options qui répondent à vos besoins et préférences.

Il peut également être difficile de trouver des offres intéressantes et de comparer les prix entre les différentes options. Les sites de voyage en ligne proposent un grand nombre d'options, mais il est souvent difficile de savoir lesquels sont les meilleurs. Il peut également y avoir des offres différentes sur différents sites, il est donc important de consacrer du temps pour comparer les prix et les options. En outre, il peut être difficile de savoir si les commentaires des utilisateurs sont fiables ou non, ce qui rend la recherche encore plus complexe.

En outre, il peut être stressant de faire face à des imprévus tels que les annulations de vol ou les changements de plan. Les vols peuvent être annulés ou retardés pour des raisons indépendantes de votre volonté, ce qui peut causer des retards importants dans votre itinéraire de voyage. Les hôtels peuvent également être complets, ce qui oblige à trouver un autre logement à la dernière minute. Les activités peuvent également être annulées pour des raisons météorologiques ou d'autres raisons imprévues. Ces imprévus peuvent causer beaucoup de stress et de frustration, surtout si vous êtes en voyage d'affaires ou en vacances avec votre famille.

Heureusement, il existe des outils comme les chatbots qui peuvent aider les voyageurs à simplifier le processus de planification et de réservation de leur voyage. Les chatbots peuvent vous aider à trouver les meilleures offres, à comparer les prix et à réserver des vols, des hôtels et des activités. Ils peuvent également vous aider à résoudre des problèmes tels que les annulations ou les changements de plan. Les chatbots peuvent aussi vous donner des informations sur les destinations de voyage, les meilleurs endroits à visiter et les activités à faire.

Les chatbots permettent de comprendre les demandes de l'utilisateur et de fournir des réponses appropriées. Ils peuvent utiliser des informations telles que les préférences de voyage, les dates et les budgets pour filtrer les options et suggérer les meilleures options pour vous. Les chatbots peuvent également utiliser des technologies de traitement automatique du langage pour comprendre les demandes de l'utilisateur même si elles ne sont pas formulées de manière très précise.

En utilisant un chatbot, vous pouvez obtenir des réponses rapidement et efficacement, sans avoir à parcourir manuellement des dizaines de sites web pour trouver les informations dont vous avez besoin.

En outre, l'IA peut également être utilisée pour automatiser certaines tâches de planification de voyage, comme la recherche de vols et d'hôtels. Les systèmes d'IA peuvent analyser les données en temps réel pour trouver les meilleures offres et les options les plus adaptées à vos besoins et préférences. Cela permet de gagner beaucoup de temps et d'énergie en évitant de passer des heures à effectuer des recherches manuelles.

En somme, l'utilisation de l'IA dans la planification de voyages peut considérablement accélérer le processus en vous aidant à trouver les meilleures options et à réserver des vols, des hôtels et des activités plus rapidement et efficacement.

L'utilisation de l'intelligence artificielle (IA) pour créer un chatbot de planification de voyages peut offrir de nombreuses opportunités commerciales. Voici les étapes principales pour créer un tel business :

1. **Définir le marché cible** : Il est important de définir la clientèle visée pour le chatbot. Cela permettra de cibler les fonctionnalités et les services proposés par le chatbot pour répondre aux besoins de cette clientèle spécifique.

2. **Concevoir le chatbot** : Il est nécessaire de concevoir le chatbot en utilisant des technologies d'IA telles que le traitement automatique du langage et l'apprentissage automatique. Il est important de définir les fonctionnalités du chatbot telles que la recherche de vols, d'hôtels et d'activités, la réservation en ligne, les conseils de voyage et les informations sur les destinations.

3. **Intégration des données** : Il est nécessaire de s'assurer que le chatbot a accès aux données nécessaires pour répondre aux demandes des utilisateurs. Cela comprend les informations sur les vols, les hôtels, les activités, les tarifs, etc. Il est important de s'assurer que les données sont à jour et fiables.

4. **Test et amélioration continue** : Il est important de tester le chatbot pour s'assurer qu'il fonctionne correctement et qu'il répond

aux besoins des utilisateurs. Il est également important de continuer à améliorer le chatbot en fonction des commentaires et des retours des utilisateurs.

5. **Mise en place du chatbot** : Il est nécessaire de mettre en place le chatbot sur le site web de l'entreprise ou sur les réseaux sociaux pour que les utilisateurs puissent y accéder facilement. Il est important de promouvoir le chatbot pour attirer des utilisateurs.

6. **Monétisation** : Il existe plusieurs options pour monétiser le chatbot, comme la facturation pour l'utilisation du service, les commissions sur les réservations effectuées via le chatbot ou encore la vente de données sur les utilisateurs. Il est important de choisir une stratégie de monétisation qui convient le mieux à l'entreprise.

En somme, l'utilisation de l'IA pour créer un chatbot de planification de voyages peut offrir de nombreuses opportunités commerciales pour les entreprises. Néanmoins, il est important de suivre une démarche étape par étape pour concevoir et mettre en place efficacement le chatbot, tout en veillant à monétiser le service de manière adéquate.

Chatbot pour un service de location de véhicule

Trouver un véhicule de location peut s'avérer être un processus complexe et fastidieux. Il y a plusieurs facteurs à prendre en compte, tels que le type de véhicule, les dates de location, les tarifs et les emplacements de location. Il peut également y avoir des restrictions liées à l'âge ou au permis de conduire, ce qui peut compliquer encore plus la recherche.

Il existe de nombreux sites web et agences de location de véhicules, chacun proposant une variété de véhicules et de tarifs différents. Il peut être difficile de comparer les options et de trouver le meilleur prix.

En outre, il peut être difficile de trouver un véhicule de location disponible pour les dates souhaitées. Les agences de location de véhicules peuvent avoir des restrictions de disponibilité en fonction de la saison, de l'emplacement ou d'autres facteurs. Il peut également y avoir des restrictions liées à l'âge ou au permis de conduire, ce qui peut limiter les options disponibles.

Il peut également être difficile de trouver un véhicule de location à un emplacement pratique. Certaines agences de location de véhicules peuvent n'être disponibles qu'à des emplacements spécifiques, ce qui peut rendre difficile de trouver un véhicule de location près de votre destination de voyage. Il peut aussi y avoir des restrictions liées au retour du véhicule, ce qui peut rendre difficile la trouvaille d'un véhicule de location adapté à votre itinéraire.

L'utilisation de l'intelligence artificielle (IA) avec un chatbot peut aider à simplifier le processus de recherche de véhicules de location. Les chatbots sont des programmes informatiques conçus pour simuler une conversation humaine, ils peuvent vous aider à trouver un véhicule de location en utilisant des commandes de langage naturel. Cela signifie que vous pouvez poser des questions et obtenir des réponses en utilisant des mots et des phrases que vous utiliseriez normalement dans une conversation.

Les chatbots sont alimentés par des algorithmes d'IA qui permettent de comprendre les demandes de l'utilisateur et de fournir des réponses appropriées. Ils peuvent utiliser des informations telles que le type de véhicule, les dates de location, les tarifs et les emplacements de location pour filtrer les options et suggérer les meilleures options pour vous. Les chatbots peuvent également utiliser des technologies de traitement automatique du langage pour comprendre les demandes de l'utilisateur même si elles ne sont pas formulées de manière très précise.

En utilisant un chatbot, vous pouvez obtenir des réponses rapides et efficaces, sans avoir à parcourir manuellement des dizaines de sites web pour trouver les informations dont vous avez besoin. Les chatbots peuvent également vous aider à réserver un véhicule de location en quelques minutes, sans avoir à remplir de formulaires ou à parler à un agent de réservation.

Les systèmes d'IA peuvent analyser les données en temps réel pour trouver les meilleures offres et les options les plus adaptées à vos besoins et préférences.

Cela permet de gagner beaucoup de temps et d'énergie en évitant de passer des heures à effectuer des recherches manuelles.

En somme, l'utilisation de l'IA avec un chatbot pour la recherche de véhicules de location peut considérablement simplifier le processus en vous aidant à trouver les meilleures options et à réserver un véhicule de location plus rapidement et efficacement.

Voici les étapes principales pour lancer un business de chatbot pour la location de véhicule :

1. **Étude de marché** : Il est important de comprendre les besoins et les attentes des utilisateurs en matière de location de véhicules. Cela permet de cibler les fonctionnalités et les services proposés par le chatbot pour répondre aux besoins de cette clientèle spécifique.

2. **Conception du chatbot** : Il est nécessaire de concevoir le chatbot en utilisant des technologies d'IA telles que le traitement automatique du langage et l'apprentissage automatique. Il est important de définir les fonctionnalités du chatbot telles que la recherche de véhicules, la réservation en ligne, les conseils de location et les informations sur les tarifs.

3. **Intégration des données** : Il est nécessaire de s'assurer que le chatbot a accès aux données nécessaires pour répondre aux demandes des

utilisateurs. Cela comprend les informations sur les véhicules, les tarifs, les emplacements de location, les restrictions liées à l'âge ou au permis de conduire, etc. Il est important de s'assurer que les données sont à jour et fiables.

4. **Test et amélioration continue** : Il est important de tester le chatbot pour s'assurer qu'il fonctionne correctement et qu'il répond aux besoins des utilisateurs.

5. **Mise en place du chatbot** : Il est nécessaire de mettre en place le chatbot sur le site web de l'entreprise ou sur les réseaux sociaux pour que les utilisateurs puissent y accéder facilement. Il est important de promouvoir le chatbot pour attirer des utilisateurs.

6. **Monétisation** : Il existe plusieurs options pour monétiser le chatbot, comme la facturation pour l'utilisation du service, les commissions sur les réservations effectuées via le chatbot ou encore la vente de données sur les utilisateurs. Il est important de choisir une stratégie de monétisation qui convient le mieux à l'entreprise.

En somme, lancer un business de chatbot pour la location de véhicules peut offrir de nombreuses opportunités commerciales pour les entreprises. Cependant, il est important de suivre une démarche étape par étape pour concevoir et mettre en place efficacement le chatbot, tout en veillant à monétiser le service de manière adéquate.

Chatbot d'assistance pour la recherche d'emploi et la soumission de candidatures

Rechercher un emploi sur des sites en ligne peut s'avérer compliqué pour plusieurs raisons. Tout d'abord, il y a une grande quantité d'offres d'emploi disponibles en ligne, ce qui peut rendre difficile de s'y retrouver parmi les différentes options. Il peut être difficile de savoir quelles offres sont les plus pertinentes pour son profil et ses compétences, et de savoir comment adapter sa candidature pour les différentes offres d'emplois. Il peut également être difficile de savoir quelles entreprises sont les plus fiables et les plus sérieuses dans leur recherche de talents, surtout quand il s'agit des entreprises qui ne sont pas très connues.

En outre, les sites d'emploi en ligne peuvent être saturés de candidatures, il peut donc être difficile pour les candidats de se faire remarquer parmi la concurrence. Les algorithmes utilisés par les sites d'emploi pour trier les candidatures peuvent également être peu fiables, il peut donc y avoir des risques de ne pas être considéré pour des offres d'emploi pour lesquelles on est qualifié.

Il est également difficile de savoir comment se présenter efficacement en ligne. Les CV et les lettres de motivation en ligne doivent être adaptés aux normes et aux exigences des sites d'emploi, et il peut être difficile de savoir comment mettre en avant ses compétences et son expérience de manière efficace. Les candidats peuvent se retrouver à postuler à des offres qui ne correspondent pas tout à fait à leurs compétences ou à leur expérience, ce qui peut être frustrant et peut les décourager dans leur recherche d'emploi.

En somme, rechercher un emploi sur des sites en ligne peut s'avérer compliqué, car il y a une grande quantité d'offres disponibles, il peut être difficile de se faire remarquer parmi la concurrence, et il peut être difficile de savoir comment présenter efficacement sa candidature.

L'utilisation de l'intelligence artificielle (IA) dans les chatbots peut améliorer considérablement la recherche d'emploi et la soumission de candidatures. Les chatbots peuvent être utilisés pour automatiser certaines tâches fastidieuses liées à la recherche d'emploi, telles que la recherche de postes vacants, la rédaction de CV et de lettres de motivation, et la communication avec les employeurs potentiels.

Un chatbot peut aider les demandeurs d'emploi à trouver des postes vacants en utilisant des algorithmes d'IA pour analyser les profils des candidats et les comparer aux exigences des postes vacants. Les chatbots peuvent également utiliser des modèles de traitement du langage naturel pour comprendre les compétences et les expériences professionnelles des demandeurs d'emploi, et les utiliser pour générer des CV et des lettres de motivation personnalisés.

Les chatbots peuvent également être utilisés pour communiquer avec les employeurs potentiels. Les demandeurs d'emploi peuvent discuter avec un chatbot pour poser des questions sur l'entreprise, les postes vacants et les processus de candidature. Les chatbots peuvent utiliser des modèles d'IA pour comprendre les questions et fournir des réponses précises et utiles.

En outre, les chatbots peuvent également être utilisés pour suivre les candidatures et les mises à jour de statut. En somme, l'utilisation de l'IA dans les chatbots peut améliorer considérablement la recherche d'emploi et la soumission de candidatures en automatisant certaines tâches fastidieuses et en aidant les demandeurs d'emploi à trouver des postes vacants, à générer des CV et des lettres de motivation personnalisés et à communiquer avec les employeurs potentiels. Cela permet aux demandeurs d'emploi de se concentrer sur les aspects les plus importants de la recherche d'emploi, tels que la préparation pour les entretiens et la négociation des salaires.

Voici les étapes pour créer un chatbot avec GPT-3 pour la recherche d'emploi et la soumission de candidatures:

1. **Obtenir un accès à GPT-3** : Il est nécessaire d'avoir un accès à GPT-3 pour utiliser son API dans le chatbot. OpenAI propose des options d'abonnement pour accéder à l'API. Il est important de choisir l'abonnement qui convient le mieux aux besoins de l'application.

2. **Définir les objectifs** : Avant de commencer à créer un chatbot, il est important de définir les objectifs de celui-ci. Les objectifs peuvent inclure l'aide à la recherche de postes vacants, la rédaction de CV et de lettres de motivation, la communication avec les employeurs potentiels et le suivi des candidatures.

3. **Développer un modèle de traitement de langage** : GPT-3 peut être utilisé pour créer un

modèle de traitement de langage qui comprend les compétences et les expériences professionnelles des demandeurs d'emploi et les utilise pour générer des CV et des lettres de motivation personnalisés. Il est important de former le modèle en utilisant des données de formation de qualité pour obtenir des résultats précis.

4. **Intégrer GPT-3 dans le chatbot** : En utilisant une bibliothèque d'intégration GPT-3 telle que Hugging Face, GPT-3 peut être intégré dans un chatbot pour comprendre les questions des demandeurs d'emploi et fournir des réponses précises et utiles. Il est important de tester le chatbot pour s'assurer qu'il fonctionne correctement.

5. **Mettre en place un système de suivi** : Il est important de mettre en place un système pour suivre les candidatures et les mises à jour de statut pour les demandeurs d'emploi. Ce système peut être intégré au chatbot pour permettre aux demandeurs d'emploi de savoir où en est leur candidature et de recevoir des mises à jour automatiquement.

En somme, GPT-3 peut être utilisé pour créer un chatbot pour la recherche d'emploi et la soumission de candidatures en utilisant des modèles de traitement de langage pour comprendre les compétences et les expériences professionnelles des demandeurs d'emploi et en fournissant des réponses précises et utiles aux questions des demandeurs d'emploi.

CONCLUSION

"Et voilà, nous atteignons la fin de ce livre, mais j'ai une dernière surprise pour vous ! Un dernier business que je vous ai caché. Oui, c'est incroyable mais vrai.

CE LIVRE A ÉTÉ INTÉGRALEMENT RÉDIGÉ PAR l'INTELLIGENCE ARTIFICIELLE de l'écriture à la couverture.

Parfait ou pas nous nous trouvons actuellement au tout début de l'ère de l'intelligence artificielle. Les progrès accomplis ces dernières années dans les domaines de l'apprentissage automatique et de la compréhension du langage naturel ont été époustouflants, mais ils ne sont qu'un aperçu de ce que l'avenir nous réserve.
L'IA va continuer à se développer à un rythme rapide, et les modèles de langage comme ChatGPT vont devenir de plus en plus sophistiqués. Ils seront capables de produire des textes de qualité encore meilleure, avec une compréhension plus fine des nuances de la langue et des émotions humaines.

Ce livre sur ChatGPT est un véritable tour de force de l'intelligence artificielle. Il est surprenant de voir à quel point ce modèle de langage est capable de produire un livre entier, avec un style fluide et cohérent. On pourrait presque se demander si ce n'est pas un humain qui se cache derrière ces lignes !

Toutefois, cela soulève également des questions sur l'avenir de l'écriture et de la création artistique. Si des machines comme ChatGPT peuvent écrire des livres, qu'en est-il des romans, des poèmes, des scénarios de films ? Est-ce que cela signifie que les écrivains et les cinéastes vont être remplacés par des robots ?

Les machines peuvent produire des textes automatisés, mais il leur manque la capacité de ressentir les émotions et les nuances qui font la richesse de la création artistique.

L'utilisation de ChatGPT pour écrire des livres peut également être une idée de business intéressante. On peut imaginer des services d'écriture automatisée pour les entreprises, les écrivains en herbe ou les personnes qui ont besoin d'un coup de main pour écrire des articles de blog, des lettres de motivation, etc. Il est surprenant de voir combien ChatGPT est capable de produire un livre entier, mais il est aussi important de se rappeler que les machines ne remplaceront pas encore complètement les créateurs humains mais peuvent devenir une idée de business intéressante.

Rappelez- vous se lancer dans l'intelligence artificielle aujourd'hui, c'est comme investir sur internet au début des années 2000 ou dans le Bitcoin en 2010. Ce marché en émergence offre une occasion unique pour les investisseurs et les entrepreneurs de se positionner en avant-garde d'une révolution technologique en constante évolution.

Ce livre vous propose 15 idées de business simples à mettre en place avec l'IA. Il est donc impossible de vous donner toutes les étapes détaillées ici. Il ne s'agit là que d'idées pour vous aider à faire votre choix parmi ces nouveaux business. Cependant, si je vous disais que nous avons détaillé en vidéo étape par étape certains des business les plus rentables de ce livre ?

Il peut être difficile de visualiser les étapes pour se lancer dans ce type de projet. C'est pourquoi nous avons fourni des vidéos détaillées sur certains des business les plus rentables avec l'IA pour que même les enfants de 5 ans puissent comprendre étape par étape comment lancer un business simple qui peut rapporter au MINIMUM 1000 euros par mois, et bien plus encore voici le lien :

https://1-ecomfrenchtouch.systeme.io/gpt-pro-8780be21?sa=sa007221074602d95cba278177ea83ca3a3cd048ca

> *« Le plus grand risque que l'on puisse prendre dans la vie, c'est de ne prendre aucun risque. »*
>
> ***Mark Zuckerberg***

Printed in France by Amazon
Brétigny-sur-Orge, FR

20965665R00060